勝者の思考回路

成功率１００％の
ブランドプロデューサーの秘密

柴田陽子

幻冬舎

勝者の思考回路

成功率100%のブランドプロデューサーの秘密

柴田陽子

はじめに

勝者の思考回路――。

本書のタイトルを見て、あなたは何を思いましたか？　誰だって勝者になりたい。だからこそ、この本を手に取ってくださったのでしょう。でも、「勝者」という言葉からイメージする「勝者像」は、人それぞれ、かなり異なります。

そこで最初に、**私の考える「勝者」とは何か**を、まず説明しておかなければなりませんね。

私にとって「勝者」とは、ビジネスのトップリーダーになることでもなく、売り上げを圧倒的に上げることでも、年収を数倍にすることでもありません。

常に自分自身が高い志を持っていることができる。周りを見れば味方が多く、応援してもらえる。そして、誰かの役に立つという充実感の中で生きている。すなわち**「自分」「仲間」「社会」のすべてにおいて「ＹＥＳ」と答えられる人**のことを、私は「勝者」と定義しています。

この定義は、ビジネスパーソンに限ったものではありません。本書を手に取ったあなたが、たとえばアスリートでも、たとえばアーティストでも、たとえば主婦でも、たとえば学生でも、**仕事内容やライフスタイルに関係なく、あなたは「勝者」になりうるのだ**、ということです。とくに今の時代において、「幸せ」は、数字で証明できるものではなくなっていますよね。**思い、気持ち、やりがいがなければ、本当の勝者とは言えない**と思います。

私自身、この定義において、自分のことを「（経営者としても、プロデューサーとしても、主婦としても）勝者である」と言うことができますし、これから先も「勝者であり続ける」という前向きな気持ちを持っています。

なぜそんなふうに思えるのか——。

すべては思考回路のおかげです。

それは、決して特別なものでも、変わったものでもありません。私は今回、本書を書くにあたって、自分のたどってきた道や仕事の仕方について見返し、整理してみました。そして、「この思考回路は誰でも真似のできるものだし、今それがない人でも訓練によってつくることができる」ということに気づいたのです。

もしあなたが、

「同じように頑張ってるのに、同僚（友人）より評価が低い」
「自分くらいの能力だと、先は見えている」
「不況の今、伸びていくことなど不可能だ」
「自分の業界は終わっている」
「私に価値なんかない」

といった〝負け意識〟を持っているとしたら、本書は、今のギアをシフトチェンジする力になると思います。

もしあなたが、すでに自信を持っていて、人生にもっと大きな手ごたえを求めているとしたら、本書は、さらに背中を押してくれる力になると思います。

私は２００４年、自分の会社を興し、ＯＬ時代の何倍もの収入を得られるようになりました。

ここまで来るのに、もちろん苦労は多くありましたし、高い壁もありましたが、どんな難題もクリアしてきました。でも、それは私に特別な能力があったからではなく、**「私の思考回路には、失敗や諦めるという出口を想定していなかった」**だけのことなのです。

これこそが、**「勝者の思考回路」の基本です。**

勝者の思考回路を持つためにはどうすべきか、具体的な道筋を本書で紹介していきますが、スタートはとてもシンプルです。

ここでいきなり答えを言ってしまいますが、それは**目の前にあるすべてに対して、感想を持つ**ことです。

どんなに小さなことにでも、丁寧に反応する。

どうってことないものに対しても、感想を持つ。

それを心の中でちゃんと受け止める。

そこを起点として、考え方の枝葉をつくっていく。

そして、いくつもある枝葉を修正しながら、方向をひとつに定め、そこに向かって、言葉や行動に移していく。

――まさにこれが「思考回路」なのですが、そこに人それぞれの特徴が出ます。自分の癖があればそれを理解し、良くなければ修正して、「出口」へ向かっていけばいいのです。

もちろん私にもマイナスの出来事は起きます。ほぼ決まりかけていた契約が突然キャンセルされたことだってあります。そういうとき、たいていの人の頭の中は、悔しさ、困惑、怒りといったネガティブな思いでいっぱいになることでしょう。

そういうとき私は、そうした感情から意識的に離れ、目の前で起きている事象を

「勝者の思考回路」に放り込みます。すると、少なくとも、その顧客を恨むよりも、関係性を良い状態に保っておくほうがいい、とわかります。

また、「勝者の思考回路」のおかげで、さまざまなビジネスが成功に行き着くまでの流れを、私はいつもビジュアル化して見ることができています。

「あ、あそこの道、一本ずれてた」

「ここ、飛ばしてた。戻ろう」

「この状況は、まだ〝点線〟という感じだな」

こうして、途中で間違いがあれば回路を組み立て直し、正解がポロンと出てくるところに誘導することができるのです。なんといっても、**「勝者の思考回路」には失敗という出口は用意されていないので、成功するしかない**というわけなのです。

この回路、生まれつきのものではありません。日々の仕事や生活の場で起きる、いろいろなことに対処する中で後天的に身につくもの。つまり**訓練によって身につけることのできるもの**です。

実際に、**私が社員に対して行っている最大の教育は、思考回路をつくる訓練**です。

もしあなたが今の状況に悩んでいるとしたら、自分のビジネスや人生そのものについて、みすみす〝失敗という出口〟を用意しているのかもしれませんよ。

あなたが**今すぐに取り組むべきは、思考回路を変えること。**あなたはそれを自由にやっていいのです。

目次

序章

どんな時代にも通用する「ブランドプロデュースの思考回路」

情報過多の現代で、そもそも「ブランド」とは何か？

私の肩書きは「柴田陽子事務所（通称シバジム）」の代表取締役。業務内容は、クライアント企業の商品やサービスなどを新しく作ったり、既にあるものをブランド化することです。

「ブランド」という言葉は誰もが耳にするものですが、そもそもブランドって何でしょうか？

「それを受け取る人たちが、その価値を感情的に理解、評価して支持するもの」と私は考えています。

たとえば、A社とB社という2つのメーカーから、性能は似たようなバスケットシューズが売られていたとしましょう。「履ければどっちでもいい」という人が大半であれば、どちらもただのバスケットシューズに過ぎず、と同時にA社もB社も〝ただの企業〟であって〝ブランド〟ではありません。

でも、「A社のほうがいい。だって好きだから」「A社のシューズをかっこよく履きこなしたい」「こういう商品を作っている会社で働いてみたい」といった理由でA社の商品を選ぶ人がたくさんいたら、それはバスケットシューズという商品の機能を超えたブランドになっています。同じく、A社そのものが、企業を超えたブランドになっています。

こうしたムーブメントが自然発生的に起こった時代も過去にありましたが、今はあまりにもモノや情報が溢《あふ》れすぎていて、「どんなものに真の価値があるのか」について、人々はなかなか自分で判断を下せる状態にありません。

一方で、人々の感情は、何らかの方法によって動かすことができます。**計画的、戦略的、人為的に人々の感情を揺さぶり、ムーブメントをつくり、定着させ、ブランド化することができる**のです。

——それをするのが、私たちシバジムの仕事です。

つくるなら、長期にわたって価値の深まる「ブランド」を。

しかしながら、シバジムが手がけているブランディングは、広告代理店のそれとは違います。

面白い広告やキャッチーなコピーで人々の注目を集め、商品やサービスを手に取らせるのが、広告代理店の仕事。ブランドをつくるというよりは、認知度を上げたり、ファンをつくるキャンペーンといえるかもしれません。それによって、「あの有名な

ＣＭを作った○○さん」として制作者の仕事は増えるかもしれません。しかし、企業の商品やサービスは一時的に盛り上がるだけで、短期的な勝利しか手にできない、ということもあるでしょう。

対して、シバジムのブランディングは、**「企業の収益の柱となるような、持続性のある強いブランドをつくること」「長く続けるほどに価値を高めるようなブランドをつくること」**です。

その対象は、商品やサービスはもちろんのこと、お店、商業施設、街にまで及びます。とにかく、クライアントが「ブランドとして特徴づけをしたい」と考えるあらゆるものが、私たちの仕事の対象です。そして実際に、それらをいくつも成功させてきました。

とはいえ、実は私には、過去に苦い経験があります。

シバジムを興す前の私は、飲食店の運営を行っている企業の従業員として働いていました。そこでいい成績を収めたこともあって、「ヒットの仕掛け人」「レストランプロデューサー」といった呼ばれ方もされました。

ところが、当時の私が手がけた1軒の居酒屋が、半年もすると「似て非なる」ものになってしまったことがありました。

その居酒屋は、企画からお手伝いした結果が出て、オープンから大盛況で売り上げが当初予算を大きく上回りました。しかし、その成功は短期的なものだったのです。

私の役目を終え、プロジェクトを解散した半年後、その店を訪ねてみると、なんだか、しょぼい。入口のところにセロハンテープでポスターが貼られていたり、期待感を高めるアプローチになるべき動線上に掃除道具が置かれていたり、扱いやすさ優先で食器が簡素なモノに変わっていたり、接客態度に残念なところがあったり……と、オープン時には従業員と共有できていたはずのものが、ことごとく失われていました。

「これを柴田さんがつくったと言われたくない」

ショックを受けた私は、誰が悪いのか考えてみました。しかし、誰も悪くない。運営側に悪気があってやっている人などいるはずがないと気づいたとき、「私はオープニングで派手な脚光を浴びたいのではなく、**長く続けるほどに本当の価値が生まれてくるものをつくりたいのだ」**と明確に認識しました。

その日から私は「ブランドプロデューサー」になることを決めたのです。当時は珍しい肩書きでしたが、私のやりたいことはまさに〝それ〟だと認識したのはこのときです。

最初から「夢はない」のに、次々に成功が転がり込んでくる。

今の私を見ると、最初からブランディングに関わる仕事に邁進《まいしん》してきたと思われるかもしれません。でも、実態は相当に行き当たりばったり。そもそも、私には「○○になりたい」という夢はありませんでした。

私は比較的裕福な家に生まれ（あとに大没落するのですが、その話は3章に譲ります）、何不自由ない恵まれた娘時代を過ごし、最後はシカゴ郊外の大学まで行かせてもらいました。

大学在学中に、ろくに英語もしゃべれないのにアメリカに留学し、はじめて苦労らしき苦労をしますが、基本的には、絵に描いたような能天気なお嬢さんで、「将来はおしゃれなカフェでも経営したいな」という、さらに能天気な話を「夢」として友人に語っていました。

その夢に少しは役立つかもと、外食企業に就職したのが１９９５年。でも、そこで与えられた仕事は、意に反して「秘書」でした。ただ、私の思考回路には「腐る」という出口もないので、自分のがっかりを立て直し、３年間、最高の秘書を目指して働きました。

そのうち、化粧品会社に出向する形でネイルサロンを立ち上げさせてもらえたり、次には、本社に戻って事業開発部でレストランの新規出店を担当させてもらえたりもするようになりました。そして、どちらも良い結果を出すことができました。

それらの経験を買われ、２００３年、他社へ転職。コンサル業務に携わったのち、２００４年に今のシバジムを設立しました。２０１３年には、理想の洋服を求めてアパレルブランド「BORDERS at BALCONY」も立ち上げています。

おかげさまでシバジムは、営業をまったくしないのに、ずっと先まで仕事の依頼が詰まっており、約20名の社員と共に奮闘しています。

「BORDERS at BALCONY」は今年で8年目ですが、このアパレル不況の時代に、ここ3年ほど前年比１５０％以上の勢いで伸びています。昨年には分社化し、現在２期目。期待の新事業です。

「考え方」ではなく「思考回路」。

それにしても、「夢はない」でやってきたのに、どうしてこんなに多方面に仕事が展開していったのでしょう。私は、よほど運が強い人間なのでしょうか。それとも、飛び抜けた能力でもあったのでしょうか。

どちらも「NO」ですが、はっきり言えるのは「思考回路が良かった」ということ。**成功に向かう回路を自分で意識的に開発してきたから、今があるのです。**

ただしこれは、「楽観的だった」ということではありません。私をよく知る人に聞けばわかりますが、初動は確実にネガティブ思考なのです。幼いときから「何か起きたらどうしよう」「うまくいかなかったらどうしよう」といったことを最初の反応として考えてしまう性質で、それは今でも変わりません。

なので、「成功に向かう思考」＝「ポジティブ思考」というわけではありません！

ここはとても大事なので、誤解しないようにしてください。

さらにもうひとつ言っておかなければならないのは、**「思考回路」は「考え方」とはちょっと違う**、ということです。考え方というよりも、より客観的に構築できるもの、と言ったらいいでしょうか。

よく、心配性な人に「もっと気楽に考えたほうがいいよ」などとアドバイスする人がいますね。

しかし、それができたら苦労はないですよね。気楽に考えられないから心配性なわけです。最初の反応や考え方のクセ自体を変えるというのは、難しいものだと私は思っています。

一方で、**思考回路は訓練次第で変えることができるし、感情とは離れたところで整**

えることが可能です。

「自分ブランディング」が、仕事も人生も確かなものにする。

良い思考回路を身につけることは、あなたの価値を間違いなく高めます。

人は誰だって、良い方向へ進もうとしている人と仕事がしたいし、一緒にいたいものですから。

実際に、「粗探しをする人」と「いいところを見つけようとする人」では、私はいつも後者を選んで一緒に仕事をしてきました。

つまり、良い思考回路を身につけることは、**あなたにとって「自分ブランディング」そのもの**なのです。

私が改めて述べるまでもなく、ビジネス環境はこれからますます激変していきます。今ある仕事の半分はＡＩに取って代わられるだろうと言われている中で、どんなスキルを磨けば生き残れるかなど、誰も正確には予測できません。

ただ、**良い思考回路だけは不朽不滅。いつ、いかなるときも、必ず通用します。**

私自身、秘書、ネイルサロンの店長、新規レストランの開発など、畑の違う仕事に従事してきましたが、基本的なやり方は何も変えていません。

また、プライベートでは、実家の没落、留学先での仲間はずれなど、ありがたくない体験もしましたが、「良い思考回路」のおかげで乗り切れました。

良い思考回路の最上級バージョンである「勝者の思考回路」は、すぐには構築できないかもしれません。

でも、悪かったものを、少し良くすることは簡単です。そして、「少し良い」を繰り返しているうちに、「わりと良い」「かなり良い」「すごく良い」へとアップグレードしていくことができるでしょう。

当然のことながら、思考回路はワンパターンではありません。目の前の課題によって最適な形が変わってきます。そのときに必要なのが、**「良い部品」をいろいろ組み合わせる作業**です。

だから、良い部品をたくさん持っている人が強いのです。

褒めてもらったときに、素直に喜ぶのが良い部品、卑屈になるのは悪い部品。

悪口を言われたときに、スルーするのが良い部品、悪口で返すのは悪い部品。

本書でこれから取り上げるひとつひとつのテーマは、こうした部品だと思っていただいて結構です。

私の経験がベースになっているので、「なんじゃこりゃ！」と思うものもあるかもしれません。でも、それも楽しんで、あなたの中に良い部品をどんどん増やしていってください。

第1章

「勝者の思考回路」の基本

「張り合う」「負けない」は、今の時代のエネルギーにはならない。

- □ **〝仕事の本質〟と向き合う前に疲れてしまっていませんか？**
- □ **現代で生き抜くには「自分の役割を果たす」「自己を成長させる」「居場所をつくる」。**
- □ **モノが溢れかえるこれからの時代で最も大切なものが、コンセプト。**
- □ **絶対的に「ブレない軸」を、見つける！**

以前、日本経済新聞の取材を受けたときに、記者の方から「柴田さんは女性リーダー３・０のカリスマですね」と言われました。

その理由を聞くと、私より上の、いわゆる「２・０世代」の女性経営者たちに共通する「男に負けるものか」というキリキリした空気が感じられないということでした。

たしかに、**私のモチベーションは「勝ち負け」ではありません。**「成功する」「結果を出す」というのは外せないけれど、「誰かに勝つ」は発想にないのです。

だから、「男社会でここまで来るのに、本当に大変だったでしょう」とねぎらわれてもピンときません。「女だからといって大変なことなどなかった。良かったことのほうが多い」というのが正直なところです。

そもそも、相手が男性であろうと女性であろうと、張り合うことや負けないこと、見返そうという気持ちをエネルギーに変えるようなやり方は、私は好きではありません。それをやっていたら、仕事の本質に取り組む前に疲れてしまいますし、品格に欠けると思っています。

それよりも、**自分の役割を果たしたり、自己を成長させたり、居場所をつくるために仕事をするほうが、今の時代には合っている**のではないでしょうか。性別や年齢に関係なく、今の仕事があることに感謝しながら、結婚も子育てもしたらいいと思うのです。実際に、私自身がそうしています。

でも、こういう話をすると、いまだに「家事や子育てに時間を取られるので、女性は男性とは同等には働けない」という理論を展開する人がいます。そういう人には、これからの時代のビジネスの在り方がまったく見えていないのだと思います。

日本は長く「ものづくりの国」として評価されてきましたが、すでにモノは飽和状態。過去にどれだけ売れたとしても、もはやスペックだけでは通用せず、ニーズにかなった付加価値を高め、その魅力を買い手に伝えていかねば、商売は成り立ちません。

これまでのように、大量にモノを作り「誰かが買ってくれるでしょう」と構えているのではなく、**「誰に何を感じて、この商品を手に取ってもらいたいのか」を突き詰めて考えた「コンセプト」が必要**になります。

買い手の側も、作り手の思いをしっかり受け止め、その**ストーリーごと好きになれるようなものを選び、さらに応援していくという消費構造になっていく**はずです。というか、もうすでになっています。

これは、非常に重要な変化で、歓迎すべきものだと思います。なぜなら、手に取ってもらえないものを余計に作るという、資源や労働力のムダが減ります。

また、最初からコンセプトを摺り合わせることによって、方向性の違う人と一緒に仕事をすることがなくなります。結果的に、**作業効率がアップするだけでなく、ストレスの軽減にもつながる**でしょう。

つまり、これからの時代のビジネスで、最も大切なのはコンセプト。それを考えるのが仕事の大半と言えます。コンセプトをつくる仕事に、家事も子育ても邪魔をしません。古くさい頭こそが邪魔をするのです。

しかしながら、もし、あなたが職場で古くさい頭に囲まれていても、それらに勝とうとする必要はありません。**コンセプトをつくる仕事というのは、相対的なものではなく絶対的なもの。**絶対的に優れたコンセプトをつくればいいのです。

まずはあなたの中に、他者に翻弄されることのない**「ぶれない軸」、つまり、あなた自身のコンセプトを構築**しましょう。

参考までに、私のコンセプトは「強くて優しい人」です。まだ道半ばですが……。

勝者の思考回路は「感想」を持つことから始まる。

□ **成功者になるために大切なのは「経験の多寡」ではなく、「何を思い、感じられるか」。**

□ **「思考回路」の第一歩、「感想」のクセに注目しよう。**

□ **当たり前の日常の中に〝学び〟があることに気づいて！**

経験が人を育てる、とよく言われますが、良いことも悪いことも含めると、みんな何かしら、周囲から「へえ、そんなことがあったんだ」と言われるような経験をしているものです。私自身も、それなりに経験を積んで、そこで多くを学んできました。中には、「ピンチどころの騒ぎじゃない！」ということもありました。

では、そうした特殊な経験がなければ、今の柴田陽子はいないのでしょうか？　いいえ、私は「いる」と答えます。ピンチに立たされたことがなかったとしても、つらい経験をしてこなかったとしても、やはり私は私だったと思います。というのも、「勝者の思考回路」を身につけられるか否かを決めるのは、経験の多寡ではなく、**そこで「何を思うか、感じるか」**だからです。**感想の持ち方と持つ量こそが重要**なのです。

だから、間違っても「私なんて普通すぎるから」などと考えないこと。どこにでも感想を持つべき対象はあります。

たとえばタクシーに乗っただけでも、私はいろいろな感想を持ちます。

「Ｓｕｉｃａ決済が使えないタクシーに乗ったとき、以前は、運転手さんは『（そんな機械なんて）ないよ』と言ってたのに、最近は『すみません、（この車では）使えないんです』と言うようになっている。この言葉のちょっとした差から、Ｓｕｉｃａが使えるタクシーがかなり増えていることが明らかだ」

そう感想を持つと、私の場合は、すぐにＳｕｉｃａの普及率を調べます。そこから「外国ではどれくらいキャッシュレスが浸透しているだろう？」「いずれ日本もキャッシュレスが普通になる。もう長財布は必要なくなるな」と思考が進んでいきます。

こんなふうに、**気になるものは、当たり前の日常の中にたくさんあります。**

周囲の小さな変化が、どんなふうに時代の変化とリンクしているのか。なぜ今、コレが普及して（売れて）いるのか。昨日と今日とで売り上げのランキングが入れ替わっているのはなぜか。あの人は今顔色が少し変わったが、理由は何か。――ビジネスや人生に役立つヒントは、いつでも、あなたの目の前にあるのです。

ただし、気をつけなくてはいけないことは**「ただ感想を持てばいい」というわけではない**ことです。

ある打ち合わせに、シバジムのスタッフと同行したときのことです。帰り道で、２

人のスタッフがそれぞれこう言いました。

Ａ「先方の○○さんは、人気ブランドの服を着てましたね。可愛かった！」

Ｂ「先方の○○さんと△△さんは、話すときに必ず目を逸《そ》らしますね。あの２人の関係はあまり良くないのかもしれません。やりとりするとき気をつけます」

私が「持ちましょう」と言ってるのは、Ｂさんのような感想です。Ａさんの感想は見たままを言葉にしただけにすぎません。もしそこから彼女が「彼女の服は＊＊のブランドだから、今度の企画書では、こんな要素を加えたほうがいいかも」といった具合に発想を広げていたのであれば、「良い感想」になりますが……。

とにかく、ひとつの打ち合わせでもこれだけの差が生まれる、といういい例です。

「世界を広げたい」「新しい視点を身につけたい」という理由で、異業種交流会やセミナー的なものに通う人がいますが、そんなところに行くだけで、世界を広げたり、新しい視点を身につけたり、新しい自分を見つけたり、できるとは思えません。

普段と違う世界に身を置けば新しい感想を持てる、というわけではない。それよりも、**今ある些細なすべてに「感想」を持つこと**です。今目の前にあるものに感想を持てない人が、新しいものに出合ったからといって面白い感想を持てるわけがありません。

感想のない経験など無意味だ、と私は断言できます。外に出るのもいいですが、その前に、もっと身近なところから学びを得られることを知ってください。

「ポジティブなら、良い感想」
ではない。
「感想」の本質について
考えよう。

- □ **勘違いしないで！　なんでも前向きにとらえれば「良い感想」というわけではない。**
- □ **その場限りのどうでもいい感想と、そこから物事を発展させる感想がある。**
- □ **「良い感想」「多くの感想」を持てるかが勝負。**
- □ **感想は、育てるもの。**

前項では、何かを経験したら、そこに感想を持つことが大事だと述べました。そのときに重要なのが、「良い感想を持つこと」です。**「勝者の思考回路」を身につけたいなら、「良い感想」にこだわってください。**

しかし、一口に「感想」と言ってもちょっと難しい、と感じられたかもしれません。もう少し詳しく説明してみましょう。

何かを前にしたときに生まれる感想というのは、ナチュラルなあなた自身が出るもの。あなたの特徴が出てしまいます。そこには、良いも悪いもありません。なんでも楽観的にとらえることができる人もいれば、ついネガティブに考えが向かってしまう人もいるでしょう。それは性格的なものなので、そこで出てくる「感想」は、どんなものでも構いません。

ここで間違ってほしくないのですが、「明るくてポジティブな感想は、良い感想」「後ろ向きでネガティブな感想は悪い感想」ということではありません。

前項に出てきた「あの人の服、可愛かった！」という感想はポジティブなものですよね。でも、「勝者の思考回路」につながる感想ではないので、本書では「良い感想」とは言いません。一方で「あの人たち仲が悪そうで心配だなあ」という感想は、ネガティブな感想かもしれません。しかし、そこから相手の気持ちを推し量り、想像し、前に物事を進めようとすることができれば「とても良い感想」となります。

感想の〝第一段階〟では、自分のものの受け止め方の特徴（性格と言ってもいいかもしれません）が出るということを認識してください。否定することも悩むこともありません。逆に、あなただからこそ出てきた感覚だと思って、大事にしてください。

ただし、そこから「勝者の思考回路」にするための〝第二段階〟として、その感想を〝育て〟なければなりません。そのときに大事なのは、1）**「自分の感想は、他者の存在を考えたときにどうなるか」と思考の誘導をすること**です。さらに、2）自分の想像力を駆使して**思いつく限りの多くの感想を導きだすこと**です。そうすると、自分主体の感想でしかなかったものが、誰かの役に立つ思考へと変わっていくわけです。

このように書くと簡単ですが、それには非常な努力を要します。日々の「感想の訓練」が重要なのです。

私は、自分の子どもにも「良い感想」を求めます。何かを言えば、「なぜそう思ったか？」も聞き、「良い感想」になるまで、聞き続けます。「良い感想」になったときは、「その感想は素晴らしいね」と褒めるようにしています。

良い感想は、自分の思いをきちんと伝え、考えを共有することに役立ちますし、相手の本質をとらえる力にもなるので、ビジネスにも、人間関係構築にも寄与します。

契約が取れる人／取れない人、信用を得られる人／得られない人、トラブルになる人／ならない人……その差は「良い感想を持てるかどうか」ではないでしょうか。

ところで、「何事につけ、良い感想を持ちましょう」と言うと勘違いされてしまいがちなのですが、「悪人を良い人だと信じる」とか「間違った判断を、素晴らしいものと考える」ということでは断じてありません。あくまで**「ニュートラルに自分を保つこと、そして、他者の存在を意識すること」**です。

加えて、「意地悪な見方も、上から目線も、卑屈な見方もしない」ということ。実際、こうした見方をしてしまうと、本来であればうまくいくはずの物事をことごとくダメにしてしまうことがあります。

「良い感想」とは何かを日ごろから考える訓練は、必ずあなたのプラスになります。

「感想の多さ」が大切な理由。

- □ **最初はうまく感想が出なくても、「良い感想」が出るまで出し続ける。**
- □ **「数多く感想を持つ」訓練をすると、客観性が身につく。**
- □ **ビジネスアイデアが出やすくなったり、人間関係がうまくいくようになる。**
- □ **感想の深さも大切。**

この項では、「感想の多さ」が大切な理由についてもう少しお話ししましょう。

多くの感想を持つ訓練を日ごろからしていれば、「良い感想」も出やすくなるから、というのはもちろん理由のひとつ。つまり「数撃てば当たる」の理屈です。

あるビジネスのミーティングで、

「あの社長、芸能人の○○に似てましたね」

「口元のほくろが印象的でした」

「笑い方もそっくりでしたよ」

と感想を口にしたスタッフがいました。彼女はこのミーティングを通して３つの感想を言えたわけですが、この感想は、この会議においてもビジネスにおいても役に立たない「良くない感想」です。でも、感想の数をもっともっと増やしていけば、「いい感想」も出てきます。

「社長が笑ったのは、柴田さんが、○○の話をしたときでしたね」

「柴田さんは、社長にあんなふうに間髪容れずに返せるんですね」

「あの話は準備していたものなんですか？　こういう変化球も準備しておかないといけないものなんですか」

「私にも、あんなやりとりができる日が来るものでしょうか」

数を出せるだけ出していくと、感想もこのように変化していくのです。

勝者の思考回路にとって、感想の数が大切な理由は、ほかにもあります。

感想を数多く持つ努力をしていると、「あ、そういえば」が増えるからです。

「そういえば、似たようなことを誰かも言っていた」

「そういえば、これは今流行っている○○に共通するところがある」

「そういえば、このやり方で、以前、先輩が仕事を成功させていた！」

といった具合に、かつての成功例と重なる点が見つかったり、誰かと共感できるポイントが見つかったりするようになります。なにより、**客観的な視点でモノを見ることができるようになるので、ビジネスアイデアが生まれやすくなります。**

もちろん、ビジネスに限りません。

「以前、同じように〝空気が凍った〟ことがあった。そういえば、あのときもこのテーマが出たな」

「この話をすると、男性も女性も笑顔になるんだな」

「時間を気にしているときに、人はこのしぐさをすることが多いな」

などなど、人間関係を読み解く糸口が見つかることもあるでしょう。

人は、自分の「見てほしい本質」について触れられたときに相手に対して心を開き、信頼感を強く持つようになります。そういう意味で、感想の「深さ」がとても大切なのですが、「深い感想」は簡単に出せるものではありません。感想の数を重ねていく中で、深い感想を導きだすしかないのです。

小さなことに
〝すべて〟が宿る。

□ **成功の理由も、相手の真の姿も、「小さなところ」に出ている。**

□ **「良い感想を持つ」ためにも、小さなことにこだわる。**

□ **あなたは、相手からのメールについてる「！」を気にすることができるか？**

□ **目の前の状況を漫然と見ているだけでは、必ず誤解をする。**

私は普段から、実に小さなことにこだわります。

というのも、「小さなことにすべてが宿っている」と考えているからです。

成功の理由も失敗の原因も、あるいは１人の人間の真の姿も、すべて小さなことに宿っています。

そもそも、将来の成功の可能性があっても、最初はほんの小さな芽の部分しか表に出ていないものです。その芽の奥、地中に眠るでっかい実を掘り当てられるのは、小さなことを大切に観察している人だけです。

小さなことにこだわる態度は、成功を手にするチャンスを増やすだけでなく、失敗を避ける意味でも重要です。将来の失敗もまた、今はほんの小さな芽しか表に出ていないからです。それを注意深く見ることができなければ、地中に隠れている地雷を踏み抜いてしまう危険もあるでしょう。

だから私は、シバジムの社員にも、しょっちゅう小さなことをあれこれ言っています。たとえば、朝出社したときにゴミが溜まっていたとします。そんな些細なことでも、スタッフの仕事に対するストイックさが欠けているのではないか、掃除当番の仕組みに穴があるのではないかと、心配になります。そのことに、誰も気づかずにいたのは、重大な問題だ。これでは、成功の芽も失敗の芽も見つけることができない社員を育ててしまうことになる……と。

先程までテーマにしてきた「感想」も同様です。**感想を持ち、その数を増やしていく**、というのも、とても小さいこと。そもそも小さな部分を注意深く観察して拾い上げなければ、感想を数多く持つことは難しいですし、そうやって「良い感想」をひとつずつ増やしていくことは、とても地味で小さい作業です。

たとえば、普段のメールでは語尾に「！」をよく付ける人が、今回のメールではひとつも付けていなかったとしたら、今その人は怒っているかもしれない。この件に対して不本意なのかもしれない……。これは大変な事態だと思うべきです。

そこで私は、「いつものメールと様子が違うけれども、何かありましたか」「まだ、こちらがちゃんと把握できていないかもしれません。違和感があったらいつでもおっしゃってくださいね」と、すぐ聞き返します。

でも実際には、それに気づかない人もたくさんいるし、「それくらいのこと」とスルーする人もいる。しかしながら、そこに気づく人と見逃す人とでは、同じ1時間、仕事をしたとしても、30個分も50個分も感想の数に差が出てきてしまいます。

たったの「！」一文字。そんな**小さいところに相手の本音がくっきり表れ、やりとりの本質が宿っています。**「良い感想」と「普通の感想」の差がつくのは、その「！」一文字をとらえることができるかどうかだったりするのです。

ほかにも、相手の言葉遣い、言葉選びに対しても、意識を持ちたいもの。**ちょっとした言葉の変化の中に、たいへんな情報が隠れています。**

その人の表情やしぐさを観察することはもちろん大事ですが、表に出ている情報のみを漫然と見ているだけの人は、だいたい誤解をしています。「言葉」という小さく地味なものを疎《おろそ》かにしてはいけません。

逆も真なり。相手の言葉に敏感になると同時に、**自分が使う言葉にも、大いに意識を働かせなくてはなりません。**たったひとつの言葉が、相手の心に刺さり、大きく物事を動かすことはあるものです。実際私も、ある言葉をメールでいただいて「ありがたい！」と思い、大きな決断をしたこともあります。

成功のポイントは、そんなふうに、目の前のとても小さいものに宿っているのです。

「何をもって『結果』とするのか」に、徹底的にこだわる。

- □ **一度も〝営業〟をしたことがないのに、依頼が絶えない理由。**
- □ **仕事のたびに、「『結果』をどう定義するか」について、徹底的にこだわる。**
- □ **クライアントの満足度を上げる近道は、プロジェクトの最初に、「結果」を丁寧に、そして具体的に共有すること。**
- □ **結果にこだわると、評価のポイントが増えて、人材育成がしやすくなる。**
- □ **「結果にこだわる」人は、思いやりのある人だ。**
- □ **本当のリーダーは、数字ではないところで「結果」にこだわっている。**
- □ **結果が出なくて落ち込んだときは、それが失敗でなく、学びだと考える。**

私は、プロジェクトに取り組むとき、**非常に細かいところまでこだわり抜いて「結果」を設定するのですが、そのおかげでクライアントから高く評価されている**と思えることが多々あります。どうもほかの人は、たいていそこまではせず、「結果をどこに設定するか」についてちゃんと考えていないようなのです。

シバジム創業以来、一度も〝営業〟をしていないのに、私のもとに仕事が絶えず入ってくるのは、私が「結果」に徹底的にこだわっていることも、ひとつの要因だと思っています。

といっても、ここで述べている「結果」というのは、**単なる「売り上げ」や「数字」のことだけではありません。**依頼をくれたクライアントが、どんな結果を求めているのかを、できるだけ細かく設定・定義し、そこまでにたどりつくための道筋を考えるということです。

たとえば、健康食品のメーカーから、「『このサプリで3キロ痩せる』という売り込みをしたいので、そのためのストーリー作りをしてほしい」というオーダーがあったとしましょう。

さっそくモニターを集めて体験してもらい、成功例を集めればいいのだ、というのは、誰でも思いつくことでしょう。しかしその前に、クライアントがどんな「結果」を求めているのかのヒアリングが必須です。

同じ「3キロ痩せる」という結果に向かっていても、

1）「10日で必ず痩せる」を売りにしたいのか、

2）「リバウンドしない体を作りたい」人のためのサプリなのか、

によって、私たちのやるべきことはまったく違ってくるからです。

前者であれば、絶食に近い生活をして、体重計に乗る前にはサウナに入り（サウナで体重を落としても、一時的なもので、翌日には戻っていますが）、とにかく「３キロ減らす」という結果に執着する、という方法をモニターにやってもらうのがいいのかもしれません。

後者であれば、３か月かけて生活習慣を変え、食事のとり方も変えて、３キロ痩せた体を定着させるという取り組み方をしてもらうほうがいいでしょう。

ただ実際は、クライアント自身が、どちらのアプローチで商品を展開したらいいのか迷っているからこそ仕事の依頼をしてくる、ということが多いものです。その答えを見つけるお手伝いをするのが、ブランドプロデューサーの仕事でもあります。

また、依頼した時点では「これで行く」と決めているように見えても、実際にリサーチした後で、そのアプローチは好ましくなかったので変えたい、ということもよくあります。

ですから、できるだけ細かく、具体的に、複数の「結果」を想定・定義して、クライアントが一番ハッピーになれる方法を見つけ出してあげたい、と私は考えるのです。

先の依頼の場合、私だったら、２つのパターンを最初から「結果」として設定して、モニターを二手に分けて指示を出し、それぞれのストーリーを作って、クライアントに見せます。そして、どちらのストーリーで行くのがベストなのか、どちらのストーリーのほうが商品のためになるのか、導いていきます。

　街づくりのような大きなプロジェクトでも同様です。「お金をたくさん落としてもらえる商業施設を作る」ことが第一目的なのか、「住んでいる人たちの交流の場を作る」ことが第一目的なのか、それによって、力を入れるべきところ、見るべきところはまったく変わってきます。また、売り上げ○○億の商業施設を作りたいのか、坪効率で測りたいのか、はたまた周辺住宅の土地の値段でその施設の価値を測るというやり方もあるかもしれません。

　ちなみに、「結果」として定義できるものが、５つあれば５つ、10あれば10、徹底的に考えて、私は提示します。

　私の経験上、**「結果」の設定を細かく丁寧にすればするほど、クライアントからの感謝も得られます。**プロジェクトの目的が整理され、無駄がなくなり、そして何より、現段階でどの程度まで目的を達成しているのかが、よくわかるからでしょう。

「この結果は、求めていたものじゃなかった」

「この結果に向かうのには、予算がかかりすぎる」

「この結果は好ましいが、まだ道半ば、50点しかつけられない」

など、「明確な評価」ができるので、次に向かうための目標も立てやすいのだと思います。また、人を褒めるポイントも見つかりやすいので、人材育成にも効果的なのかもしれません。

これは、〝逆の立場〟＝〝自分が依頼する側〟になっても言えること。「結果」をきちんと共有できると物事がうまくいく、ということがわかっているのであれば、自分がスタッフに仕事をお願いするときも、「結果」を見やすくしたほうがいいのは当然です。

ある業務について、「これやっておいて」とだけ言う上司のAさんと、「これを夜の8時までにやって、できた時点でメールして」と言う上司のBさん。

当然、Bさんのほうが、人を育てるのが上手です。Bさんは、**評価ポイントの数を、明確に増やしている**からです。

Aさんの部下も、Bさんの部下も、同じくその業務をこなしたとしましょう。Aさんは、「できたかどうか」という1点についてのみ、部下を褒めることができますが、Bさんは「できたかどうか」「8時までにできたのか」「メールで報告ができたか」と、褒めるポイントが3点あります。

さらにBさんの場合は、できたけど10時を過ぎてしまった。できたはずなのに、メールの報告の内容がわかりにくかった。といったことがあれば、具体的に注意したり教えたりすることもできます。

私はプロジェクトのリーダーとして、また会社の社長として、

「どうやったら人を褒めることができるか」

「どうやったら次の改善につなげることができるコミュニケーションになるか」

ということを常に意識しています。いいチームワークで、仕事を気持ちよく前に進め、いい結果を出すには、人材が何より大切だからです。

その人材を見るときに、私が最重要視しているのが「結果にこだわる人」か否か。とにかく結果にこだわる人であってほしいのです。

もっとも、**私の考える「結果にこだわる人」**は、単純に売り上げの数字に執着するタイプではありません。**優しい人であり、部下思いでもあり、リーダーとして正しい人。**要するに、そこでやるべき大切なことがわかっている人のことです。

人はみな、それぞれ違う価値観で生きています。だからこそ、やるべきことをひとつずつ丁寧にメンバーに説明し、「結果」を定義することで、前に進みやすくなるのです。

ちなみに、どんなに準備し、完璧にしたつもりでも、結果が出ないということもあります。

そんなときは誰でも落ち込んで「もう駄目だ」と思うでしょう。しかし、**きちんと「結果」に向き合った上でのことなら、それは「失敗」でなく「学び」です。**

しばらく暗い気持ちで時間を送らねばならないかもしれませんが、「次につながる感想」が、自分の中で出てくるまで頑張ってみましょう。

私は以前、結果が出なくて落ち込んでいたとき、「あれ？　イチローだって打率は３割だ」ということに思い至りました。そして、今回の結果がすべてではなく、今回の失敗を学びとして、次に頑張ろうという気持ちになれました。

「落ち込んでいる時間はもったいない。失敗してしまったときのことを振り返り、改善点を見つければ、次に成功する可能性が高まる」と。

どんな苦境に立たされても、必ず次に向かえるようになるまで考え続けるというのが、私の思考の特徴です。

すべてのことに
「理由」がなくてはならない。

□ 伝える力を高めるものは、「技術」ではない。何事にも「理由」を考えること。

□ どんな些細なことでも、「なぜ？」と考える。

□ 何かを聞かされたり、提案されたとき、「理由」がなくて人は嬉しいと思うだろうか？

私はブランドプロデュースという仕事をしていますが、実際の仕事内容の多くが〝クリエイティブなもの〟です。クリエイターでありながら、「伝えること」を武器としているので、仕事の成功度が高いのだと思っています。

なぜ私は「伝える」ことに長けているのか、自己分析してみたのですが、「決して伝えるための〝技術〟が高いわけじゃない」ということに気づきました。

私が**伝える力が強いのは、どんなときでも「なぜ？」を考えているから**だと思うのです。「なぜこの仕事を受けるべきなのか」「なぜシバジムでは掃除をスタッフ自らやるのか」「なぜ宿題をしなくちゃいけないのか」……。

私は、「理由がないことは、ひとつもあってはいけない」「どんな些細なことにも、理由がなくてはならない」**「そもそも世の中に、理由のないものなど存在しない」**と考えています。

さらには、その「理由」が、納得のいくものであるかどうか、人から理解を得られるものであるかどうか……ということに常に思いを巡らせています。

クライアントに説明をするときも、リーダーとして人を引っ張っていくときも、共感を求め、理解を得た上で自分の思いを通さなければなりません。なぜ私がこう言うのか、なぜこの行動をとっているのか、なぜこれを選んだのか……という「理由」で相手の心を動かせなければ、そこからいい方向へ物事を進めることなど、当然ながらできません。

あなた自身に置き換えて考えてみてください。何か聞かされたとき、何かもらったとき、何か提案されたとき、もしそれが誉め言葉であっても、それが高いプレゼントであっても、その理由がわからなければ、嬉しくないですよね？

誉め言葉そのものや、プレゼントそのものより、「そう思った理由」「これを選んだ理由」のほうが、人を喜ばせる、ということはよくあります。

今行っている提案について、あなたが素晴らしい「理由」を伝えることができれば、「絶対これでいこう！」とクライアントと一体感を共有することにもなるでしょう。

少なくとも、私のやること、判断することに**「理由がない」なんて、絶対にあって**

はいけないと思っています。ここで述べている「理由」とは、もちろん「言い訳」とは別物です。**「相手を納得させるもの」でなくては、「理由」とは呼びません。**

どんな些細なことにでも、「理由」は必要です。

あるとき、社員とこんなやりとりをしたことがあります。

「柴田さん、次回のミーティングでは、先方の社長さんは抜きでいいですよね」

「なんで社長がいないほうがいいの？」

「え、雰囲気が良くなると思って……」

それでは、「理由」になっていません。なぜ彼女がそう考えたのか、私はその理由を徹底的に探りました。すると、「今回の議題は複雑な話だから、事前に担当者の方に賛成をいただき、そのあと、その担当者から社長に伝えてもらうほうが、三方丸く収まるから」というのが理由でした。さらに「実は、社長に同席してもらったほうがいいのかどうか、結構悩んだけれども、今回はいないほうがいいと思った」と。

ここまでの理由を聞けば、彼女が本心では「なんとしても今回の案件を通してもらうんだ」と強く思っていることが伝わってきます。そのために、最良の方法を考えた上で「こうしよう」と決めたのであれば、たとえそれがどんな結果になっても、つまり、もしこの案件が通らなくても、「失敗」ではないと私には思えるのです。

このように、「理由」は、結果も印象もすべて左右するものなのです。

知らないことは罪だ。

□「知らなかったから、仕方ない」は言い訳でしかない。

□「知らないことは罪」という物差しがあれば、謙虚になれるし、他責にならない。

□知らないことがわかったら、すぐに聞く！

□相手に対する知識・常識をちゃんと持っていなければ、相手に「本当の感謝」は伝えられない。

□人間関係は、まず「正しく知る」ことから。

私は20歳の頃、ある男性に夢中でした。その人は、自分で会社を興すほど有能で、お金持ち。いつもぱりっとした服を着て、かっこいい車に乗っていました。

一流レストランに連れていってくれるし、びっくりするような高価なプレゼントをくれることもしょっちゅうでした。そんな恋人がいることが嬉しく、私は周囲の人たちに「彼がいかに優しいか」「自分は彼をどれだけ尊敬しているか」いつも話していました。私は彼から、たっぷりの愛情を注いでもらっていると信じていたのです。

そんなある日、彼の事業に投資している人と話をする機会がありました。そのときはじめて、彼が私のために使ってくれていたお金は、彼のポケットマネーではなく会社のものだと知ったのです。

彼は優しい人ではなく、甘い人だったわけです。

しかし、彼ばかりを責めるのは違う。「会社の経費で落とす」という仕組みすら知らなかった私は、彼に輪をかけて甘かったからです。彼の事業を信じて投資していた人から見れば、彼も私も同じように最低でした。

私は、何も知らずに喜んでいた自分の愚かさを恥じました。知ってさえいれば、そういう人とはつきあわなかったし、善意の投資家に迷惑をかけることもなかったでしょう。知らないことは罪でした。

私たちはつい、「知らなかったから」を免罪符に用いてしまいます。

今日が締め切りだなんて知らなかった。

ここに車を止めてはいけないなんて知らなかった。

あなたがこれを望んでいなかったなんて知らなかった。

あの人が傷ついていたなんて知らなかった。

……たしかに知らなかったのだけれど、それは「知ろうとしなかったから」です。

知らないのも罪なら、知ろうとしないのも罪。それは、社会に対しての罪でもあるし、あなた自身への罪とも言えます。人生において、どんなことだって知っていたほうがいいし、知っていて損なことなどないでしょう。

以来、私は「知らないことは罪」という〝物差し〟を自分の中に強く持つようになりました。

この物差しを持っていると、人は謙虚になれます。知識がないまま何かを言ったり思ったりすることに、恐れを抱くからです。

さらに、「他責」にすることもなくなります。どんなときでも、「知らなかった自分にも責任がある」と客観的に考えることができるので、一方的に他者に責任を押し付けることはありません。

つまり、この物差しを持っているかどうかで、人は圧倒的に差が出るのです。

まだ20代の頃、私がはじめて、レストランのプロデュースという任務を与えられたときのことです。

設計士が「柴田さん、急いでるよね」と言って図面を出してくれたのですが、この図面をこの期間で出してくれたということは、はたして設計業界の中では早いことなのか、早いどころじゃなく〝異常に早い〟ことなのか、ものすごく無理しないとできないことなのか……ということが気になりました。

「業界の常識」をすぐに知りたいと、私は早速、いろんな人に聞きました。

すると「これは尋常じゃないですよ」と誰かが教えてくれました。

ここでようやく私は、設計士にちゃんとモノが言えたわけです。「これって尋常じゃない早さなんですよね。無理なお願いをしてすみませんでした」「ここまで急いでくださってありがとうございました」と。

まさに「知っているかどうか」が大きく左右した瞬間でした。

ちょっと考えてみてください。

仕事の成果を提出したときに、見えない努力の部分まで慮《おもんぱか》ってくれる人と、提出されたものを当たり前のように受け取る人、どちらの人と、あなたは仕事をしたいと思いますか？　どちらの人だったら、「この人の仕事を頑張ろう」と思うことができますか？

そこを考えたら、「ものを知ろう」とする姿勢が、いかに重要かがわかると思います。**「ものを知ろう」という姿勢が、その場の空気も、仕事の成果さえも変えるのだ、**といっても、大げさではありません。

なにより、**ちゃんと知らないと、「本当の感謝」は伝えられない**のです。

そして、**「ちゃんとした感謝」から、本当の信頼関係が生まれる**のです。

そんなわけで、私はどんなことでも「本当はどうなのか」「彼らの常識の中ではどうなのか」ということが気になって仕方がないのです。

私のことを過敏だと感じる人がいるかもしれません。しかし、この繊細さのおかげで、私が関わる仕事の現場では、クライアントは温かさを感じてくれ、チーム全体が、前向きのエネルギー、成功へのエネルギーに満ちていきます。

これは、誰でもすぐに真似できること。

「知らないことは、いけないことだ」という〝物差し〟を持つだけです！

そうすれば、自然と疑問を持つようになるし、自分の考えが浅いんじゃないか、独りよがりなんじゃないか、と考えられるようになります。

信頼関係は、「正しく知る」ことからしか、始まらないのですから。

「責任の設定」の高さで
成功するかどうかが、
決まる。

- □ **「依頼内容のリスト」には書かれていない、本当の目的を、トップから引き出せ。**
- □ **責任の設定を高くすると、できないことがいつの間にかできるようになっている。**
- □ **人と差をつけたいなら、「責任の設定の仕方」と「責任の設定の際の想像力の高さ」を磨こう！**

仕事の依頼を受けたときに、クライアントに必ず聞くことがあります。

「私に今回のプロデュースを依頼してくださった目的は何ですか」

もちろん、クライアントは、最初に依頼内容について提示してくれます。レストランであれば、「内装のデザイン、メニュー開発、コンセプトづくりを」……といった具合に、業務内容がリスト化されています。

しかし私は、「それらをクリアすればいいのね。クリアできれば、自分の責任が果たせるわけね」というふうには思いません。**依頼内容のリストには、経営者の本当の目的は書かれていない**と考えているからです。

実際、私がクライアントの社長に「今回の目的は何ですか」と尋ねると、個別の項目についての話にはなりません。もっと大きな言葉が出てきます。「成功したいんだ」と。経営者であれば当然です。私は、そこから掘り下げます。

「成功する飲食店のモデルを作りたいんだよね」

「その成功というのは、この1店舗ですか」

「いや、20店舗くらいやらないと、成功とは言えないな」

「わかりました、じゃあ〝20店舗出すための1店舗め〟のプロデュースを、私が頼まれたってことですね」

こうなると、私の責任の設定は、この1店めを成功させて、クライアントの社長を喜ばせること、となります。そしてその1店舗は、「その場所だから流行った。予算を達成した」ではなく、「20店舗の展開と成功が可能な業態」の最初の1店舗でなくてはいけない、となってくるのです。リスト項目のクリアというのは、「責任」ではなく「大前提」「当たり前」になってくるのです。

実際にプロジェクトが始まると、まず「大前提」となる業務内容をこなしていくことになります。すると、たとえば、ふと気づくわけです。

「研修は私の仕事に入ってないけれど、このままじゃサービスが悪くて、リピーターが付かない。これでは成功なんてできない！　でも社長にとってこのビジネスは初めてのチャレンジなのだから、人材教育は難しいだろう。マニュアルは私が考えよう」
「せっかく開店までこぎつけたのに、この会社、プロモーションのことを全然考えてないな。依頼された業務には入ってないけど、成功しないといけないわけだから、プロモーションは肝だ。適当にやっちゃだめだ。徹底的にやらなければ」

　そうなると「教育マニュアルを作らせていただいてもいいですか」「プロモーションにも口出しさせていただいてもいいですか」と相談しながら、仕事を進めていくことになります。

　シバジムでは、こんな仕事の仕方が通常運転です。結果的に「プロモーションもできます」「教育もできます」といった具合に、扱う業務内容が増えて、そのおかげで、変化の速いこの時代において、あらゆる業界に対応できる会社になったわけです。

　このように、**シバジムがありとあらゆる業界から、ひっきりなしに大きな仕事の依頼が入る会社になったポイントは、「責任の設定が高いから」**だと私は思っています。依頼内容に書かれたものの〝その上＝クライアントが本当に目指していること〟を、我々の「責任」とするからだと。

「責任の設定を高くすると、できなかったことがいつの間にかできるようになっている」というのも、私が仕事を通して実感していることです。そんな魔法みたいな！　と思う人がいるかもしれませんが、これは非常に理屈に合っています。

項目をひとつひとつクリアすることが目的になっていると、目の前のことばかりが気になって、視野が狭くなります。ところが、**責任を高いところに置くと、視点が高くなり、必要なことがどんどん見えてくるようになる**のです。それらをひとつずつ地道にこなしていくだけなんですが、それが最終的に「すごい目標をクリアしている！」となるわけです。

ところで、私がたびたび疑問に思うのは、企業が「やって当たり前だ」と思っている「ＣＭ」です。ＣＭを作る人はプライドを持ち、楽しく作ってますが、私は「ＣＭって何のために作るの？」と疑問を持ちます。そして、そこから「商品が売れるためだ」「売れるためにＣＭに予算をつけているけど、予算の割合は本当にそれでいいの？」「そのタレントさんを起用する予算があるなら、ほかのキャンペーン、イベントをやったほうがよくない？」といった具合に、根本から常識を覆していきます。もちろん「夏のキャンペーン売り上げを〇〇にするためにＣＭを作る」なら納得ですが。

慣例に阿《おもね》って、そういった疑問を持たないでやっている人たちは大勢います。「いいＣＭを作ろう！」と目を輝かせている人も実際によく見ます。でも、彼らはどこに「責任の設定」を置いているんだろうと、私は常に疑問を抱くのです。「ＣＭを作ること」が目的になっていると、ＣＭを流した瞬間は確かに商品は動くかもしれない。でも、この企業にとって、「商品が売れ続けるため」「本当の成功を得るため」になっているか？　本当に企業が求めていることと、向き合っているのだろうか？　と。

私が人と違うのは、そして、人と違った成功を得ることができているのは、**「何を責任として設定するか――その設定の仕方」**と、**「責任を設定するまでに、どれだけ相手への想像力を膨らませることができるか――その想像力の高さ」**だと思います。

ちなみに、これは仕事に限ったことではありません。

たとえば、女子会の幹事を任されたとしましょう。レストランを予約する、参加者にお知らせする、最後に撮った写真をみんなに送る――これは、幹事の基本的な業務ですが、これは「責任」ではなく、「大前提」。

私が幹事を任されたとしたら、「またやりたいと思える、絶対に楽しい会にしよう！」と思います。これが幹事における私の「責任」です。すると、個室がいいか、平場がいいか、窓際がいいか、ちょっと暗めの場所がいいか、ドレスコードを決めたほうが楽しめるか、お土産も用意しようかというところまで思いが至るのです。

当日は予定より早く行って席順を決めたりもしますから、やってきた友人が「何やってるの？」と驚きます。「幹事って、そんなことまでするの？」と。

「楽しい会にしたいから私が幹事に選ばれたってことでしょ。張り切らないと」

私にとっては、女子会も、家族旅行も、クライアントのイベントも、すべて同じなのです。

働くことは、生きること。

□ **一生懸命働いた記憶は、あなたの誇りになる。**

□ **仕事は、自己成長のための最大の道具。**

□ **「もし私がその辺で死んじゃっても」といつも思いながら、生きている。**

私は、人間を扱ったドキュメンタリー番組が好きで、よく観ます。中でも忘れられないのが、一人のカリスマ介護士の仕事ぶりを追ったものでした。

その介護士が担当していたのは、家族の顔もまったくわからなくなっている、重度の認知症の老人。その老人からは、笑顔がすっかり消えていました。それどころか、感情がネガティブなほうへと転んでしまっているからか、毎日、周囲を怒鳴りつけてばかりいて、家族は嘆き悲しんでいました。

介護士は、「もう一度、家族におじいさんの笑顔を見せてあげたい」と考え、あるアイデアを練りました。それは、施設の中で「ガソリンスタンドごっこ」をやるというもの。そのおじいさんは、戦後の高度成長期から何店ものガソリンスタンドを経営していた、という話を介護士は家族から聞いていたのです。

施設の中のちょっと広いスペースに、介護士仲間と一緒にダンボールなどを使って給油マシンに似せたものを作り、スタンドを継いだ息子さんから借りたユニホームも着込みました。そこに、車椅子に乗ったおじいさんを連れてきました。

「いらっしゃいませ！」

「ガソリン、満タンでよろしいですか？」

そんな子どもだましなことが……と、思うでしょうか？　ところが施設のスタッフが大きな声を出して、あたかも本当のガソリンスタンドのスタッフのように振る舞うと、最初は不機嫌で、表情も失っていたおじいさんが、顔を真っ赤にして、涙を流しながら拍手をし続けていたのです。

私は、それを見て**「仕事ってすごい!!」**と思いました。

家族の顔もわからないようになってしまっても、その人の心に一生懸命働いた記憶が残っている。このおじいさんにとって、社長としてたくさんのスタンドを経営していた日々は、大きな誇りとして在り続けるのでしょう。

私もどうせ仕事をするのなら、こんなふうな仕事の仕方をしたい。

もっとも、私がここで言いたいのは「がむしゃらに働くことのすすめ」ではありません。**仕事というものが持つ素晴らしい側面を、自分の人生の中に取り込んでいったほうがいい**と、言いたいのです。仕事の種類は何であってもいいと思います。１日３時間のパート契約でも変わらない。ただし、そこには「本気」が必要だということです。

せっかく働くのなら、本気でやりましょう。「所詮パートだし」「3時間のお小遣い稼ぎだし」というスタンスでは、見えないものがあります。

「私なんてダメ」「私は柴田さんと違う」と思っている人は、今の思考回路を組み立て直せば、仕事も人生も素晴らしいものに変わるのです。

ちなみに、私は「もし私がその辺で死んじゃってもいいように」と思って、毎日を送っています。投げやりになっているわけではありません。私は、心配性なところがあって、いろんなことを想像し、「何かがあっても大丈夫なように」と準備を進めるところがあるのです。実際に、私たちはいつどうなるか、まったくわかりません。だからこそ、そのくらいの覚悟で、すべてのことに取り組むべきだと思うのです。

私がいなくなってしまったら動きの止まってしまうようなチームであってはいけない。それが、プロフェッショナルとしての本気だ、と私は思っています。

あなたも一度、仕事への「本気」について、考えてみてください。

「言う」と「伝える」は違う。

- □ **言葉選び次第で、人間関係は、美しいものにも、雑なものにもなる。**
- □ **言葉は、相手のためのもの。「伝わらなかったら」意味がない。**
- □ **言葉が伝わらなかったのは、相手の理解力不足が原因ではなく、あなたの伝える力が足りていないから。**
- □ **「伝えたらおしまい」じゃない。「ちゃんと伝わっているかどうか」が大事。**
- □ **「自分の言ったことは正しく相手に伝わっていないのではないか」と恐れる繊細さを。**

私たちのコミュニケーションは、ほぼ会話で成り立っています。だから、普段からどういう言葉選びをしているかは非常に大事です。**言葉選び**は、コミュニケーションの一丁目一番地です。

ただし、こちらから何かを「伝えよう」と思ったときには、言葉を選ぶだけではまったく足りません。その言葉が、こちらが期待している形で相手に届いているとは限らないからです。

言葉は、それを話しているこちらのものではなく、「受け止めている相手のものだ」という認識が必要です。あなたの発した言葉を、どうとらえ理解するかは相手の自由なのです。

だから、相手がクライアントであっても、社員であっても、子どもであっても、友だちであっても、恋人であっても、私は何か伝えたいことがあれば、言いっぱなしにはしません。必ず、相手の表情、相づちの打ち方、返ってくる言葉などを丁寧に観察し、**本当に伝わっているかどうかを確認しながら話を進めます。**

でも、なかなかそれができている人は少ないのです。そのため、どこかで齟《そ》齬《ご》が生まれ、本来ならば手にできるはずの成果を逃しています。

シバジムがブランディングをお手伝いする企業でも、経営者にヒアリングを行うと「いくら言っても社員がわかってくれない」という声がよく聞こえてきます。彼らはたしかに「言っている」のだけれど、「伝える」ことができていないため、経営者の目指すことが実現できずにいるのです。

こうした行き違いは、現場の社員同士でも起こります。

「私は、○○さんにちゃんと話しました」

「○○君、あのときたしかに聞いていたよね」

だから、悪いのは自分じゃなくて相手だという主張がなされるわけですが、これほどナンセンスなやりとりはありません。

たとえ、会話を録音しておいて「ほら、私は言っていたじゃないですか」ということが証明されたとしても意味はありません。

なぜなら、**言ったけれど伝わらず、それが実現しなかったらそれまで**だからです。大事なのは結果であって、どちらが正しいかではありません。

とくにこれからは勤務形式も多様化し、直接に顔を合わせることなく進んでいく仕事も増えていきます。そういうときに、「私はちゃんと言ったからＯＫ」というスタンスでいれば、失う物も多いでしょう。

一方で、**「自分の言ったことは正しく相手に伝わっていないのではないか」と恐れる繊細さ**をいつも持ち合わせていれば、微妙な修正も可能になるので、たいていのことは伝わるはずです。

人の話の「聞き方」次第で、
その後の人間関係が
180度変わる。

- □ **プロジェクト成功のためには、そのプロジェクトのトップに話を聞くことが最重要。**
- □ **相手の満足度を高める話の聞き方は、相手の言葉を自分の言葉に置き換えて、話した内容を繰り返すこと。**
- □ **同じ人の同じ言葉でも、いつでも同じ意味を持つわけではない。**
- □ **言葉には「矢印」がある。言葉に隠された本当のメッセージを読み取ろう。**

シバジムで行っているブランディング事業では、まずは**クライアントへの徹底的な聞き取り**を行います。これまでの経緯、これから目指しているところ、困っていること、顧客や社員への思いなどについてじっくり話を聞きます。

このときに、リーダーや責任者など、**そのプロジェクトに対して一番情熱を持っている人から話を聞けるかどうか**が、その後のビジネスの進め方を大きく左右します。

社長の話を部長が聞いて、部長の話を課長が聞いて、課長の話を私たちが聞くというのでは、やはりずれが生じます。途中で、その立場なりの忖度《そんたく》が行われることもあるでしょう。

しかし、プロとしてお金を受け取っている以上、クライアントにとっての最重要事項を少しでも早く正確にキャッチしなければなりません。だから私は、一番情熱を有している人にこだわるのです。それに、そのような立場にいる人は志が高く、大きな夢を描いているので、話をしていて面白いし、得られる学びも多くなります。

もっとも、そういう方から話を聞くには、こちらにもクリアしなければならない条件があります。

まず、**「この人ならトップに会わせても恥ずかしくない」と思ってもらえる人にならなければなりません。**そこには、もちろん身なりや振る舞いも含まれます。これは言うまでもない最低限の条件です。

その上で、高い聞き取り能力をもって、会話を進めていく必要があります。相手が区切りのいい話をし終えた失礼のないタイミングで、「それはこういうことですか」と**自分の言葉に置き換えて話せる能力が求められる**のです。

たとえば、製麺機を作っている企業の経営者が、「自社製品の素晴らしさをアピールしたいので、フラッグショップとしてカレーうどん屋をやりたいんだよね」と言ってきたとしましょう。そのときに、「ということは、飲食業界の人たちに、いかに美味しい麺ができるかを理解してもらう必要があるわけですよね。ならば、味噌ラーメンの店でもいいということですか?」と返せば、相手のニーズを的確にとらえているかどうかが確認できて、「ここまでわかってもらえているんだ」と、相手に安心感を与えますし、ズレていれば軌道修正ができます。

もうひとつ、人の話を聞くときに忘れてはならないのは、**「言葉には矢印がある」**ということです。

同じ人が口にした同じ言葉でも、そのときによって持つ意味が違います。

もっと距離を縮めたいのか、少し距離を置きたいのか。相手の言葉の矢印がどちらを向いているのかを把握できないと、その関係はこじれていきます。

私は先日、まったくの誤解によって、知人男性から怒りの電話を受けました。一方的な誤解によって怒りをぶつけられた私は、正直なところ愉快ではありませんでした。

ただ、彼の言葉の矢印が、本当に関係を破綻させたい方向には向いていないように感じました。むしろ、修復したいのだと。

そこで、少し落ち着いた頃を見計らって、私のほうから連絡を取り、丁寧に誤解を解いていきました。それによって、大切な関係をひとつ失わずに済みました。

こうした言葉の矢印を正しく受け取るためにも、普段から聞き取り能力を磨いておく必要があるのです。

「感動」と「言葉」と「ストーリー」が重なると、最強。

□ **相手に感動したとき、どんなふうに伝えればいいのか？　私は美しいストーリーにして伝える。それによって相手も感動し、ビジネスへの情熱を共有できる。**

□ **相手の言葉の向こうにある背景や思いを想像して、自分なりの言葉にする。**

□ **「感動力」の強さが、私の武器になる。**

私が尊敬するビジネスパーソンの一人に、ある土地の大規模開発に携わった社長さんがいます。

その人は、まだ誰も注目していない30年前から、その土地の可能性を見抜き、駅前に広大な土地を持っていた企業にアプローチを重ねていたそうです。

そして、自分の夢の実現にあたり、シバジムに声をかけてくれました。

「僕は30年前、この土地に立って思った。ここはまだ野っ原もいいところで何もないけれど、将来、日本を代表する、郊外の暮らし方を提案できる素敵な街になるべき場所だ、と。東京にも近い。横浜にも近い。しかも、ここなら都心よりも広い家を持つことができる。お母さんも働きながら、子育ても安心してできる。心豊かな生活が送れる場が作れる！」と。
「あれから30年経って、開発の機会が巡ってきた。でも、残念なことにそれを実現する社員を育てることができなかった。それは僕の不徳のいたすところです。あなたのことをテレビで見て知り、いろいろ手がけた物件も見てきて、あなたには特別な力があると思いました。渋谷のプロジェクトではレストランのワンフロアを手がけたそうですが、僕が全部頼んだら、あなたは張り切ってやってくれますか？」

　こうまで言われて、張り切らないはずがありません。私は最大級の情熱をかけてこのプロジェクトに取り組む決心をしました。

　その人が、完成した商業ビルの屋上で空を見上げながら、「柴田さん、僕はこういうのが作りたかったんだよ」と言ってくれる日が来るまで、私は仕事が１００倍に増えようとも頑張ろうと決めたのです。

　そして、１００倍とまではいかなかったけれど非常に多忙な日々を送り、その商業施設は完成。大成功を収めることができています。

　ちなみに、その人の言葉は、正確にはここに記した通りではなかったかもしれません。おそらく、もう少し無骨なものだったと思います。でも、私の耳にはそう聞こえ、心にはそう届いたのです。

そんな私に対して、その人はいつもこう言ってくれています。

「あなたは、**僕が口にした言葉の部品を整え、とても素敵なストーリーにまとめてくれる**ね。本当に嬉しいよ」

もちろん私は、ウソを作り上げてはいません。ただ、その人が使っている一言一言をより深く読み取っているだけです。

その人は、これから広大な土地をどう活用していくかについて語っていたわけですが、そのときの私には、もうひとつ別の画像が見えていました。相手が話し始めたときには、その背後で勝手に映像が動き出していたのです。

彼は、これまでたくさんの苦労をしながら、いつか大きな仕事をする人間になりたいと夢見てきた。若い頃にこの土地を眺め、いつかはきっと、と考えていた。そして頑張って頑張って、今ここまでの地位に上り詰め、かつて眺めていた土地で30年前の夢を叶えようとしている。その夢が今、私に託されようとしている……。

こうしたストーリーがその人の背後に映し出され、そこに私が関わらせていただけることへの感謝や感動が、「美しい言葉」を選ばせるのかもしれません。

このケースに限らず誰に対してもそうですが、**その人の生い立ちや背景、大切にしている価値観を盛り込んで話を聞き取る**というのが私のスタンスです。そうすることで、その仕事への愛着、取り組み方というものが、数段、深まっていくからです。

第2章

「勝者の思考回路」を生んだストーリー

～幼少期から学生時代～

「私だったらどうする？」

□ どんな人物でも、その人の立場になって考えることをクセにすると、世の中の真のニーズがつかみやすくなる。

□ 「目の前の誰かになり切ってみる」練習をしてみる。

私が幼い頃、池田理代子さんの漫画『ベルサイユのばら』が大ヒットしていました。同年代の女の子はほぼもれなく読んでいて、私も例外ではありませんでした。ただ、友だちとは感想がずいぶん違っていました。たいていの女の子は「オスカル派」と「アンドレ派」に分かれて、どちらがかっこいいかという話に夢中でした。

一方で、私の関心はもっぱらマリー・アントワネットに向いており、しかも、「私がマリー・アントワネットだったらどうしよう」という心配で頭の中がいっぱいになってしまったのです。

マリー・アントワネットは、オーストリアからフランスのルイ一六世に嫁いだ王妃で、フランス革命によって、夫に続いてギロチン処刑されてしまいます。

私は、自分がマリー・アントワネットだったら、いったいどうすれば処刑を免れるのかを必死で考えました。革命派ともっと話し合いを持つべきだったのか、国民の反発を買うぜいたくをどう我慢すべきだったのか……。考えてもなかなか答えが出なくて、母に相談しました。

「ねえママ、私がマリー・アントワネットだったらどうしよう！」

本気でそんなことを訴える私に、母は諭しました。

「あなたはマリー・アントワネットにならないから大丈夫」

母はその後、「自分とマリー・アントワネットを比べて論じるなんて、本当に変わった娘だ」と、悩んだらしいです。

このときばかりではありません。実は私は、目にするいろんな人にも自分を重ねて考える癖がありました。これから大学受験に向かうらしい高校生、ホームレスの男性、大雨の中で傘が壊れてしまった人。いろんな人を見るたびに、「私だったらどうしよう！」と大騒ぎしていた記憶があります。

実は今も、その癖は直りません。

しかしこれは、**何かにつけて当事者意識を持つ**ことになるので、悪いことではないと思っています。

まず、**世の中の真のニーズがつかみやすい。**

私はいつもいろいろな人になり切っているからか、「たぶん○○が求められていると思う」といった言い方にはなりません。「絶対に○○が欲しいはずだ」と感じ取ることができるようになりました。

それに、相手の気持ちを把握しやすい。

ビジネスでもプライベートでも「相手の立場になって考える」ことの重要性がよく言われます。でも、意見が対立している人を目の前にして「彼の立場では……」と思いやる寛容さを人はなかなか持てません。それどころか、自分とは対立している相手を理解して受け入れることに、ストレスを感じる人のほうが多いでしょう。

そんなときでも、「私が彼だったら」とスイッチを入れ替えられたら、マイナスの感情がすっと消えて、優しい気持ちになれます。

これを、あなたにもぜひ経験していただきたいのです。日々のふとしたときに、目の前にいる誰かになり切ってみる、という訓練をしてみてはどうでしょう？

訓練といっても、たとえば電車通勤の間、「私がこの人だったら」と想像をめぐらす程度の〝遊び〟でＯＫ。それだけで、「誰かの心を想像する」という訓練になりますし、なにより、人の心を想像できるようになると、仕事にも人間関係にも生かせるので、いいことだらけです。

自分の大切なものは、
自分で守る。

□「いつ何があるかわからない」という気持ちは、人を強くする。

□どんなときでも自分で判断すると決める。

□大切な人は、自分が守ると覚悟する。

幼い頃の私は、まあまあなお嬢さんでした。

父は事業を成功させており、優しくて面白い母は専業主婦。妹が1人いて、周りからは美人姉妹と言われ、神奈川県・葉山の坂の上に建つ一軒家で、楽しく暮らしていました。

チャウチャウやサモエドといった大型犬を、常に2、3頭飼っていても余裕の、広い庭がある立派な家でした。

私たちの家からさらに坂を上がったところに、輪をかけて幸せそうな一家が住んでいました。お父さんは半端なくかっこよくて、お母さんも超美人。男の子が2人いて、私の憧れの一家でした。

ところが、私が小学校低学年のとき、その家のお父さんが駅の階段で足を踏み外し、大けがを負うという事故が起きました。不運なことに打ち所が悪かったらしく、ほとんど意識が戻らずに寝たきりになってしまったのです。

すると、それを機に、憧れの一家はすっかり変わってしまいました。あれほど美人だったお母さんはやつれて見る影もなくなり、明るかった男の子たちも口数が少なくなって、やがて引っ越していきました。

私には、そのことがとてもショックでした。

「どんな幸せも一瞬でなくなるんだ」ということを感じた一方で、「なんで、みんなそろって暗くなっていかねばならないのか」ということが、納得できませんでした。

たしかに、お父さんは寝たきりで過ごさなければならないでしょう。でも、お母さんと子どもたちはとりあえず健康なのに、なぜ半病人のようにしていなければならないのか。

私はそのとき、いつか自分が家庭を持って同じようなことが起きたときに、「ママがいるから大丈夫よ！」と言える人になりたいと思ったのです。

もうひとつ、強く記憶に残っているのが、私が高校生の頃の母のエピソードです。

その日、母は古い友人と電話で長話をしていました。当時は一家に1台の固定電話しかないのが普通で、私も電話を使いたくてイライラしながら母の会話を聞いていました。

どうも、その友人は何らかのトラブルに巻き込まれたらしく、心身共に疲れ切っているようです。そこで母は、「しばらく温泉でも行って、ゆっくり考えたらどう？」とアドバイスしました。でも、友人にはその余裕がないようでした。

すると母は、仕事から戻った父に頼んだのです。

「○○さんが弱っていて、温泉旅行でもプレゼントしたいんだけど、ダメかしら」

実際にプレゼントしたのかどうかまでは覚えていませんが、そのときの自分の気持ちはよく覚えています。

ママだって毎日、私たちのためにいろいろ働いてくれているのに、どうしてそんなことをいちいちパパに確認しなければならないんだろう。私だったら、自分の女友だちくらい、自分ひとりの力で助けたい。自分でどこか旅館を予約して、「遠慮しないでゆっくりしておいでよ」と言ってあげられる人でありたい。そう思いました。

それは、今も変わりません。**自分の大切なものは自分で守りたいという気持ちが、私の大きな原動力**となっているのです。

人が喜ぶことを想像する。

- □ **なぜ人が、その商品を買うのか？　そのサービスを使うのか？　それを使う人の「顔」を思い浮かべることができれば、自然と見えてくるものがある。**
- □ **人の喜びを想像できない人は、売れない商品やサービスを作ることになる。**

私の母は専業主婦だったけれど、やたらとサービス精神が豊かな面白い人でした。

小学生の頃暮らしていた葉山の家の周辺は坂が多く、子どもたちにとって、学校までの道のりはなかなかハードなものがありました。

私の家は山の上のほうにあって、学校はとなりの山の頂上。しかも８００段の階段を上ったところにありました。だから私は、いったん家から山を下り、その後フーフー言いながら階段を上らねばならず、片道45分くらいかけて通いました。

でも、私の家のさらに奥にある住宅街に住んでいる子どもたちはもっと大変。１時間以上かかっている子もいました。

そういう子どもたちのために、母は夏になると「氷ステーション」なるものを開き、庭先で子どもたちに氷を配っていました。子どもたちが喜ぶ顔を見るのが楽しくてしかたがなかったようです。

もしかしたら、私はそういうところは母と似ているかもしれません。

そもそも私には、「○○したい」という欲求があまりありません。自分が何かをしたいのではなくて、誰かのために何かをしたいのです。

子どもの頃から、私は人が喜ぶことがしたいし、それを想像するのが大好きでした。小さなことから大きなことまで、ちょっとした時間があれば、人が喜びそうなことをいろいろ想像してニヤニヤしているような子どもだったのです。

こうした私の特性は、今、ビジネスで非常に有利に働いていると思っています。

あらゆるビジネスは、人に商品やサービスを購入してもらうことで成り立ちます。

では、なぜ人がそれらを買うかといったら、それが快適だから、楽しいから、美味しいから、嬉しい気持ちになれるから……といった、ポジティブな動機があるからでしょう。

子どものときから、そうした場面を具体的に想像してきたので、現在、どんな依頼が来ても、「その商品やサービスに嬉しい気持ちで接してもらうにはどうしたらいいか」ということを、理屈なしに、徹底的に考えることができています。

私はたまたまそういう子どもでしたが、これを単に「そういう性格・性質だから」

ということで片づけないほうがいいように思います。私はこの「性質」のおかげで、いくつものクライアントの笑顔も見てきたのですから。

実際に、自意識や自分の好みばかりが強く、人が喜ぶ顔を想像せずに作られたものは、説明するまでもなく、ニーズの弱い商品やサービスになりがちです。

あるいは、「誰がどんな場面で使うことで、どのように嬉しい気持ちになるのか」という細部まで詰めて想像できていないものは、ターゲットの想定がズレて、やはり売れない商品やサービスになってしまうでしょう。

人が喜ぶ顔を想像する。それを細部まで詰めて想像することについて、「そんなの当たり前！」と思う人もいるかもしれません。たしかに、商品やサービスを作るにあたっての基本中の基本です。

ところが、これができていないから「作ったはいいけど売れなかった」「集客できなかった」といったことが起こっているのです。

この**「笑顔を想像できる能力」は、ビジネスの最重要課題であるコンセプトづくりに大きく寄与します。**

日ごろから、どんな場所でも、想像するのは自由です。果てしなく想像を膨らませてみましょう。

「見えない価値」を、
どこまで想像できるか。

□ 自分のしたことの「価値」を認めてもらえるだけでも、その労力は報われる。

□「価値を認める力」をつけるために、普段から細かいところを何でもよく観察して、相手の背景を想像する癖をつけよう。

母から言われたことがあります。

「あなたみたいに〝普通の子〟が、どうしてこんなに大きな仕事をいただけたり、社員の皆さんについていってもらえているのかしら」

母は首をかしげていましたが、ふと何かに気づいたように、私が子どものときのエピソードをひとつ話してくれました。小学校4年生の頃、友だちから筆箱をプレゼントしてもらって、私はこんなことを話していたんだそうです。

――この筆箱は、このあたりのショップでは売っていないから、その子はこれを買うために電車で○○駅まで行ったはずだ。移動だけで往復2時間以上。これを選んで包装してもらうだけでも30分。ってことは、３時間くらいかけて、これを買ってきてくれたことになる。土日の半日を私のために使ってくれたんだね、ママ。と。

私は普通の子でしたが、想像力を駆使し、相手を物語の主人公にして、映像が見えているかのように思い浮かべてしまうところは、人と違っていたようです。

母からその話を聞かされ、私は今でも目の前にいる人について、ただとりとめなく想像しているわけでなく、その**人の背景を、物語として想像**しているんだ、ということに思い至りました。

たとえば、ガソリンスタンドのブランディングの仕事を依頼されたときのこと。スタンドで働く、まだ10代の女の子が目に入りました。彼女は、車内のお客様に声をかけ案内するとき、きれいに指先を伸ばし、腰をかがめて対応していたのです。男性が多い、肉体労働のきつい職場を選んだ彼女が、自然な感じでエレガントなしぐさをしているのを見て、私は思いました。

「彼女はきっと、家族に愛されて、女の子らしく大事に育てられたのだろうな。そんな彼女が、男性の中でも遜色なく働いている。小さな体で毎日頑張っている」

彼女をステキだなと思い、胸が熱くなりました。

こういう話をすると、「陽子ちゃんは、細かいね」と言われたりしますが、この**想像力は、いい人間関係を構築していく上で、大きな武器になる**と思うのです。

かなり急いだ様子で来社したお客様がいて、息を切らしている。あなたは、ごくごく飲みやすいように1杯目のお茶をぬるめに出し、続けて熱いお茶を用意した。あなたにとっては当たり前のことだったのに、その行動に感激したお客様が、たくさんの感謝とともにあなたの細やかさを評価してくれ、商談もうまくまとまり、結果的に社内でのあなたの評判もうなぎのぼり……。こんなことだって起こりえるのですから。

　私たちは普段から、人に何かをしてあげたり、逆に人に何かをしてもらったりしていますよね。ただ、お互いに「していること」の価値を理解していなかったら、その労力は完全には報われません。

　今、目の前で起きているのは、ほんの些細なことかもしれません。でも、**すべてのことに、「見えない価値」がある**と考えてみてください。

　誰かがしてくれたことには、必ずその人の思いが入っています。そこに「価値」を見つけ出し、それを相手に伝える。場合によっては、本人さえ気づいていないその価値を理解してくれると、人は嬉しいし、感謝もするし、相手を大切に思う気持ちが芽生える。そうすると、人間関係は、いい形で回っていきます。「価値の理解」は、望ましい人間関係を構築していく上で、かなり重要なポイントとなるのです。

「価値の理解力」を上げるには、なによりも、「背景の想像力」が必要です。その人がどんな人で、どんな状況で、これをしたのかを、想像する力です。これには、**普段から「何でも観察しておくこと」**に尽きます。

「豊かさ」とは何か？

□ ぜいたくから、一度思い切り離れる。
□ 本当に大切なものとは何か？　考えてみる。

私が通っていた女子大は、キリスト系のいわゆる〝お嬢さん大学〟で、他大学の〝お金持ちのお坊ちゃん学生〟から、ずいぶんチヤホヤしてもらいました。当時は、派手な仲間たちと夜の街でよく遊んでいました。

ところが、そういう在り方はイエス・キリストの教えには反していると、私はよくシスターから呼び出され、首にマリア様のネックレスをかけられ説教されました。

それでも、まったく態度を改めようとしない私に、担任の先生が「夏休みを使って海外でホームステイでもしてきたらどうか」とすすめてきました。

「あなたは人生をなめすぎています。外国で一人暮らしをすれば、そういうところも少しは変わるでしょう」

それを両親に報告すると「たしかに、そうだ」ということになり、私は父の知人でもあるマクロビオティック研究家のアメリカの家で2か月間過ごすことになりました。

最初の話では、ボストンの高級住宅街にある豪邸におじゃまし、マクロビのお手伝いをいろいろしながらステイするというものでした。

「かっこいい！」

私はすっかりその気になり、真っ赤な爪にくるくるの巻髪、サングラスという姿でアメリカに向かいました。

到着したのは、想像通りの大豪邸。でも、そこには一晩しか滞在せず、翌日には「クシ・インスティテュート」という施設に案内されました。クシ・インスティテュートは、マサチューセッツ州ベケットにある、人里離れた山の中の研究施設。マクロビの勉強をする人や、食事療法で病気を治そうとしている患者さんが世界中から集まってきていました。私はここでお手伝いをすることになったのです。

与えられたのは窓がひとつの屋根裏部屋。ベッドはほとんど壊れかけていました。

翌朝から早速仕事です。50枚くらいのシーツを抱えてベッドメイキングをしたり、野菜を１００人分切らされたり。心身共にかなりきついものでした。

覚えているのは、大変だったトイレ掃除です。排水が悪くてすぐに詰まってしまうトイレは、汚物が床まで溢れていて、想像を絶する汚さ。長靴もない私は、そこになんと裸足で入り半日がかりできれいにしました。自慢の巻髪はもはやボサボサ。爪も短く切るしかありませんでした。もちろん毎日すっぴんです。

食事はカフェテリアで配られるのですが、最初は英語もできず、知り合いもいないから、部屋に持ち帰って、泣きながら口に押し込みました。

この施設で過ごす人たちの唯一の楽しみは、カフェテリアの営業が終わってから、ぼろぼろのカセットで音楽をかけてダンスパーティを開くことでしたが、六本木の夜とはかけ離れたものでした。

私は、早く帰りたくてたまらなかった。帰りたくて帰りたくて、毎日泣きました。なのに、いつの間にか私は変わっていました。無事に２か月が過ぎ、帰国するとき、私はみんなと別れるのが悲しくて号泣したのです。

私は自分の変化に驚きました。さらに最も驚いたのは、２か月間で１円も使わなかったことです。東京にいたときには、買っても買っても欲しいモノがたくさんあり、「あの人が持っているのに私は持っていない」というのは嫌でした。でも、クシ・インスティテュートでは、そんなものは何の意味もありません。私はここで、本当に価値のあるものを手に入れたんだと思いました。

大変な状況の中でみんなと一緒に働き、小さなことを喜んで、一日一日を送る日々こそ、豊かだったのです。私の中の「豊かさ」に対する根本的な考え方を、私はここで教えてもらったことになります。

「5分ちょうだい」が持つ、すごい力。

□ 自分が認められないなら「ほかの人がやりたがらないことを全部やる」。

□ ほんの「５分」でも、続けていると、冷えた相手の心が解けるときがくる。

クシ・インスティテュートでとても貴重な経験を積んできたつもりでしたが、帰国した私に、担任の先生はまた厳しい目を向けました。

「あなたは、まだまだ甘ったれで、このまま社会に出ると人様にご迷惑をおかけします。留学でもしたらどうですか」

私は、通っていた女子大の姉妹校であるアメリカの大学に、３年生として編入することになりました。そこは、シカゴ市内から車で１時間くらいのところにあるレイクフォレストのプライベートカレッジ。専攻はビジネス・アンド・マーケティング。その学部を選んだ日本人学生は私１人でした。

レイクフォレストは、当時、ビバリーヒルズよりも税収が高い、まさにお金持ちの街。ミシガン湖を望む豪邸が並んでいました。そういう場所なので、前にいたベケットと比べたら天国だと思っていました。しかし、違う苦しみが私を待っていたのです。

それでも最初のうちは良かったのです。入学後半年してからのテストで、私はトップの成績を収めました。そのテストは、「ゼロからモノを開発し、ヒットするまでの仕組みを考えてみろ」「商品でもサービスでもいいから世の中に送り出せ」というものでした。与えられたのは真っ白な1冊のノートだけ。

私には言葉のハンデがあったけれど、日本人だという個性もありました。そこで私は、日本の一汁三菜をベースにした健康的な食事を出すファストフードカフェを思いつき、コンセプトをつくっていきました。細部にわたるまで考え抜かれたそれは、今見直しても我ながら素晴らしいと感じるほどです。

必死に覚えた英語でプレゼンを行うと、担当教授から非常に高い評価を得て、飛び級でアドバンストマーケティングのクラスへ推薦されました。

ここが**地獄の始まり**でした。

このクラスでは、チームで〝キャンペーン〟を行って成績を競うことになりました。卒業を間近に控えており、成績が就職に直結するため、かなりシビアな雰囲気です。

私が振り分けられたチームには、前のクラスでの私のプレゼンを聞いた人は1人もいません。だから、言葉が覚束ないという理由で、最初からお荷物扱い。露骨に無視されたり、「陽子がいると足を引っ張るから外してくれ」と、私の目の前で教授に訴える学生もいたほどです。

私自身、まったく自信が持てず、何度か「辞退」を申し出たのですが、そのたびに教授は、「陽子にはコンシステンシーもクリエイティビティもあって素晴らしいから頑張れ」と励ましてくれました。ただ、**どう頑張ったらいいかわからなかった。**

先に結論を述べると、私たちのチームは優勝し、メンバーからは「陽子がいてくれたおかげだ」とまで言ってもらえるようになりました。

では、どうしてそれが可能になったのでしょうか。

お荷物だと思われていた私が、自分の価値を認めてもらうために決めたことは２つ。

ひとつは、**「ほかの人がやりたがらない面倒くさいことを全部やる」**こと。チームが担当するのはチョコレートの「ハーシーズ」のキャンペーンだったので、私は１人で何店ものスーパーを車で回り、ハーシーズの商品を全種類買い集めました。次に図書館に行って、ハーシーズに関する過去10年の記事を全部読んでまとめました。

２つめは、**どんなに嫌な顔をされても、「ファイブミニッツ！」とお願いすること。**私の地道な作業の成果を伝えるための「５分でいいから、お願い！」を、何度言ったことでしょう。さらに「何でも言ってね」と、メンバーのリクエストにすべて応えていきました。こうして徐々に、「陽子がいてくれて助かるよ」という状況を構築することに成功しました。

たったの５分を繰り返すことが、こんなにも人を変えることがあるのです。

「大変なときに
逃げなかった」経験は、
あなたに絶対的な
自信を与える。

□ **一度逃げると、「自分自身」を信じられなくなる。**

□ **「やっぱり無理だよね」は、自分にも友人にも言いたくない。**

□ **あなたが逃げなかったという事実は、想像以上の大きな効果を周囲にもたらす。**

クシ・インスティテュートにおける2か月間の滞在も、レイクフォレストのプライベートカレッジへの留学も、恵まれた環境で、チヤホヤされながら生きてきた私にとって、とても過酷なものでした。

クシ・インスティテュートでは、1日目にしてすでに日本の母に国際電話をかけ、泣きながら窮状を訴えました。母は「そんなに大変なら帰ってきたらいいわよ」と言ってくれました。

留学先では、違う学部にいる日本人学生にずいぶん愚痴を聞いてもらいました。

「もうだめ、みんなに無視されるの。講義に行くことを考えると、恐怖でお腹痛くなっちゃう。日本に帰りたい。早く帰りたい」

でも、帰ることはありませんでした。

あんなに苦しかったのにどうしてだろう？　と今でも不思議に思うのですが、おそらく私は、その後の人生で「あのとき、諦めて帰っちゃったよな」というシーンにぶつかることを許容できなかったのだと思います。

そこで**逃げてしまったら、「あのとき逃げた」という思いしか残りません。**その先に大変なことがあったときに、「どうせまた私は逃げるのだろう」と自分自身に信頼感が持てず、実際に逃げる道を選び続けることになるでしょう。**一度逃げた人は、逃げグセがつく。**どこかでそうなることが怖かったのだと思います。

逆に、「すごく苦しかったけれど何とかなった」という経験があれば、それは私の人生の大きな支えになってくれるはずだと信じていました。

そしてそれは、信じていた通りでした。あれから、どんな困難があっても私が逃げずにいられたのは、そして今の私があるのは、あのとき逃げなかったから。おかげで今は、どんなことがあっても「何とかなる」と思える度胸がつきました。

この「何とかなる」という思いは、私に２つのベネフィットを与えてくれています。

ひとつは、「自分自身を応援しやすいこと」。でも、それは小さな要素です。

私にとってより重要なのは、「それによって、誰かを応援しやすいこと」なのです。

たとえば、友だちが何か壁にぶち当たって「もう無理、できっこない」と苦しんでいるときに、「私もこんなことがあったけれど、こういう方法でできたから、○○ちゃんもきっとできるよ」と自信を持って応援することが、今の私にはできます。

ところが、途中で逃げ出した経験があれば、「やっぱり無理だよね」という方向へ友だちを引っ張ってしまうでしょう。そういう存在に、私はなりたくなかったのです。

あなたに大変なことがあったときには、自分の事情にフォーカスするよりも、「人の役に立つにはどうすべきか」に思考をシフトしてみてください。自分のことだけ考えていたときより、強くなれます。

自分だけのことであれば、「もういいや」と逃げ出すのは簡単です。一方で、「でも、ここで逃げたら悲しむ人がいる」「ここで私が逃げなければ、きっと何人かの人に良い影響を与えられる」と思ったらどうでしょう。おそらく、自分でも信じられない力が発揮できるはずです。

小さなことでもいいのです。人からは小さく見えても、あなたにとって大変なことであれば、それは価値のあるもの。

あなたにとって大変なことから、あなたが逃げなかったという事実が大切です。その事実こそ、周囲の人を勇気づけることができるのです。

第3章

「勝者の思考回路」を生んだストーリー

～仕事に就いてからの私～

「ノーと言わない」

と決める。

そこからが本当のスタート。

□ **仕事の内容をちゃんと知らずに「したい」「したくない」と言わない。**

□ **コピーひとつでも、「最善を尽くすにはどうしたらいいか」考えることが、あなたの未来を変える。**

□ **自分の仕事がつまらないと思っている人を根本から変える、魔法の言葉は――「ノーと言わない」。**

アメリカ留学を終え、無事に大学を卒業した私は、ある外食産業に職を得ることができました。

外食産業を希望したのは、仕事を通してカフェの作り方を覚えたかったからです。いつかお金持ちのダンナさまにカフェを出させてもらい、若いスタッフに囲まれて過ごすイメージを、その頃の私は抱いていたのです。

だから私は、面接でマーケティングや事業開発をやりたいと主張しました。ところが、採用後に与えられた仕事は役員秘書。当時の部長に、「マーケティングや事業開発の仕事は交渉やつきあいが多く、現場も厳しいから女性では務まらない」と説明されました。

正直、秘書はまったく希望していなかったので考えました。私はマーケティングに興味があったわけですから。

でも、同時にこういう自分の声も聞こえました。

「秘書のやり方、知っているの？」

いや、知らない……。

秘書の仕事を知りもせずに、秘書の仕事がいやだとか、興味がないとか、言っていいのか。まあ、就職時期が日本にいる友人とずれ、焦っていたというのもありましたが。

そこで私は、「とにかくやってみよう。3年間は頑張ろう」と決めました。

3年が長いか短いかは人の感じ方次第でしょう。私がこのとき物差しにしたのは、「私が経験した秘書というのは、こういう仕事です」と**自分の言葉で人に説明したりアドバイスできるようになるためには、どのくらい必要か**ということです。そこを考えた結果、3年がひとまずの区切りになると思ったのです。

次に、会う人会う人に「秘書って何ですかね？」と質問してみました。一番納得できたのは、「上司が何の心配事もなく、気持ちよく働けるようにお手伝いする人だよ」という答えでした。

では、その定義において優秀な秘書であるために、どうすればいいのか。

私はまず、**「ノーと言わない柴田さん」**を自らのキャッチコピーとしました。その上で、どんな小さなことも最善を尽くそうと決心しました。

会議資料のコピー取りを頼まれたら、相手が期待しているだろう時間よりも10分早く渡せるようにしました。

会議の中で、資料をバラして見ることになるな、と想像できた場合は、ホチキスではなくクリップで綴じました。

似たような資料があって会議参加者が混乱しそうなときは、クリップの色で区別できるようにしました。

部数が多いときは、配る人が数えやすいよう、10部ずつ縦横交互に重ねました。

こうして、ひとつひとつのことについて、**相手の期待を超えるイメージを自分で設定し、それを実行していったの**です。

最初に決めた通り、３年間は秘書を頑張り、そこでやめますが、このときの経験は今の仕事にとても役立っています。

どんな仕事でも、「ノーと言わない」と決めると、俄然、楽しくなります。**仕事をつまらなく感じる大きな原因は、外ではなく内にあります。**自分で自分にストッパーをかけて小さくしているから、「こんな仕事なんて」と感じるのです。

人には
落ちる可能性がいつでもある。
だからこそ。

□ 私の人生が、一瞬で転落した日のこと。

□ 人生最低のときでも、心温まる思い出はあるもの。そのときのことを、大切に記憶して絶対に忘れない。

□ どんな不幸にあっても被害者意識を持たない。後ろ向きで落ち込んでいる時間はもったいない。

私の父は、普段は経営者として忙しくしていたけれど、休日には家族との時間をとても大切にしてくれました。

仕事で疲れているはずなのに、楽しそうに歌を口ずさみながら家中を行進して私と妹を起こしてくれるような父でした。朝ご飯をみんなで食べて、日中は庭の芝刈りや草むしり、花壇の手入れなどをして過ごし、夕方になるとおしゃれして横浜の中華街にご飯を食べに行くというのが、休日の我が家の定番パターンでした。

出かけるときには、両親はお互いの装いがちぐはぐにならないように気を遣い合うほど仲が良くて、子ども心に微笑ましく思ったものです。

私が社会人になり、役員秘書として働き始めた頃、我が家は片瀬江ノ島の敷地２０

0坪以上ある豪邸でした。恵まれたお嬢さんです。
ところが、そんな私にとんでもないことが起こりました。

その日は、仕事を終えて友人と横浜で映画を観ていました。すると、母から「すぐに帰ってきて」との電話。尋常ではない様子なので急いで片瀬江ノ島の家に向かうと、見るからに怖い感じの男の人が50人前後いて、父がその人たちの前で土下座していたのです。

彼らは棍棒のようなものを持っていて、「ガラスを叩き割るぞ」などと、大きな声で怒鳴っていました。母は父の横で泣くばかり。どうやら、父の事業が失敗したらしく、莫大な債務を負ったようです。

「お嬢ちゃんたちは2階に行ってな」と妹と私は避難させられました。食べ物を与えられ、あげく「オジサンたちはヤクザじゃないからね」と、おかしな慰められ方をしたのをよく覚えています。怖くて怖くて涙が止まりませんでした。

その間、両親と彼らの間でどういう話し合いが行われたのかは知りませんが、私たち一家は、その日の夜、白くて汚いバンを1台与えられ、持てるだけの荷物と一緒に家を追い出されました。

「ここにしばらくいろ」と一枚の紙を渡され、夜逃げのように向かった先は、車を2時間くらい走らせたところだったでしょうか。木賃宿が立ち並ぶような街でした。カギもろくにかからず、いきなり誰かが入ってきてもおかしくない恐ろしい部屋でした。見たこともない光景に、心臓が飛び出しそうで、手も足も震えていました。周りのアパートの戸口からいくつもの顔が飛び出し、私たち一家をじーっと観察しているのがわかりました。

ぜいたくをして能天気に暮らしていた私の生活は、この日から一変しました。

思い起こせば小学生の頃、近所の幸せそうな一家が、お父さんのけがが元で一気に転落していったのと似ています。あのとき私は、「ママがいるから大丈夫よ！」と言える大人になりたいと思ったのでした。

そんなことを思い出してみたものの、実際には全然ダメ。自分の身に起きていることを頭の中で消化し、良い行動に移すまでには、それから何か月もかかりました。

ただそのときは、とにかく何かしなければなりませんでした。私はまず、妹と一緒にレンタカーを借りて、すでに私たちのものではなくなった江ノ島の家に向かいました。「必要なものは明日中に取りに来い」と、怖い人たちに言われていたからです。

なにしろ、前日にはボストンバッグ１つ分の最低限のものしか持ち出せなかったので、アルバムなど思い出の詰まったものや、服や靴といった身の回りの必需品を引き上げねばなりません。レンタカーに積めるだけ積んで、両親の待つ部屋に戻りました。レンタカー屋の中で「いちばん荷物が積めそうだから」と選んだトラックのような車は、ハンドルの付き方が、うまく表現できないのですが〝寝ているような〟付き方で、一般的な乗用車のそれとは違い、本当のトラック運転手になったような気分でした。その感覚は今でも忘れません。

私たちが留守にしている間に両親が自殺してしまうのではないか、と本気で心配していたので、ふたりの顔を見たとき、心底ホッとしたのを覚えています。あの日、出かける前に掃除道具を両親に渡して「この汚い部屋をきれいにしておいてね」と頼んでいたのでした。寝ていない頭で方策を必死に考えた私が思いついたのは、それくらいのことでしたが、もし両親が死んでしまったら……と思うと必死でした。それほど、両親の憔悴《しょうすい》度合いはひどいものだったのです。

このときの忘れられないエピソードがもうひとつあります。レンタカーで妹と江ノ島の家に向かう途中、コンビニに寄ったときのことです。そこで私が買ったのは、妹が好きそうな菓子パン。前日から私たちは何も食べていなかったからです。車に戻って妹に「はい」とパンを渡すと、妹も笑いながら私にパンを差し出しました。妹は私の好物の菓子パンを買ってくれていたのです。これから先の生活を考えると、無駄遣いのできない私たちは、**なけなしのお金で、お互いのためにひとつずつパンを買いました。**

このときの話は、今でもほとんど人に言うことはありません。

そして、江ノ島の家があった近辺には、20年以上経った今でも、まだ行くことができません。

それどころか、父自身のビジネスが失敗したからだったのか、それとも誰かの保証人になっていたことによるものだったのか――私たち一家に起きた不幸な出来事の、その本当の原因について、私はいまだに父に聞くことはできていません。

私にとって、それだけ大変な出来事だったわけです。

それでも私は、**この世に乗り越えられないことなどない**と言いたい。あれほどつらかった日々は、後にも先にもありません。毎日どれだけ「ポジティブな方向に頭を回転させよう」としても難しかったのですが、半年も経てば徐々に変化が出てきました。少しずつでも前を向くことができるようになっていきました。

そして、私は今、ここにいます。

どんな人にも落ちる可能性はいつでもあります。誰だって同様です。

でも、間違いなくそれを乗り越えられるということを、私の経験から感じ取ってほしいのです。

あの日から数か月間、私は出勤しながら毎日休み時間に家に電話をし、両親の生存確認をしました。電話ボックスを見ると、今でもそのことを思い出します。

「人は品格がすべてです」

□ **落ちてしまった自分の身の上を誰にも明かさずにいたことは、〝品格のある行為〟だっただろうか？**

□ **「人の品格」は「持っているモノ」に表れるわけではない。**

江ノ島の家をはじめとした全財産を失った私たち一家は、しばらくその街の木賃宿で暮らさざるを得ませんでした。カギもない部屋で、毎朝、目が覚めるたびに「やっぱり、夢じゃなかったんだ」と悲しい気持ちになり、涙が出ました。

そして、私はそこから出勤していました。

私は、我が家で起きたことも、ひどく落ち込んでいることも、両親が自殺しないか心配でならないことも、会社の誰にも言わず、隠していました。

秘書にふさわしい服装は、その街にはとても不釣り合いなもので悪目立ちしてしまい、私はできるだけコソコソ過ごしました。そこから出ると、コソコソする必要などないと頭の中ではわかっていても、我が身に起こっていることを誰かに知られるのは怖い気持ちがあり、とくに、私をちやほやしてくれていた友人たちには、とても本当のことは言えませんでした。

「言えない」という気持ちになったことはショックでした。言えなかったこと自体ではなく、言えないような友だちしかいないんだということがショックでした。

　私の友だちは有名私立大学出身のお坊ちゃんお嬢さんがほとんどでしたが、彼らは「立派な家に住むお嬢さんの私」を好きでいてくれたのではないかと思えてならなかったのです。それにふさわしくないことを言ったら、みんなが友だちでいてくれなくなると思い、本当のことを話したり相談したりすることはできませんでした。

　ちょうどその頃、仲間たちは結婚適齢期に入っており、そこでは親の仕事や資産も含めた家柄的なことが重視される空気があるようにも感じていました。今思えば、私が神経質になりすぎていたのでしょうが、そう感じてしまったのです。

　私は外では明るく振る舞っていたので、おそらく、仕事仲間にも友だちにもバレてはいなかったはずです。そんな中で、勤め先の社長だけは私の異変に気づいていたのです。あるとき社長室に呼ばれ言われました。

「柴ちゃん、あなた何かありましたか？　僕はいつでも味方ですからね」

　この一言に、胸がいっぱいになり、「いえ、何もありません」と答えるのが精一杯でした。当時の私は、おしゃれに気合を入れていました。とくに白い麻の短パンのスーツは、社長が「それ、とても似合うよ」といつも褒めてくれました。そんな私が、服も買えない事態に陥っているとは、どうしても言えなかったのです。

その後、何年も経ち、私はいくつかの大きなプロジェクトを成功させ、やがて会社を辞めることになります。そのときは、すでに秘書ではありませんでしたが、社長に挨拶に行きました。

「社長はもうお忘れかもしれませんが、以前、『いつでも味方ですからね』と言ってくださいました。実はあのとき、父の会社が倒産して大変だったんです。でも、恥ずかしい気持ちがあって言えませんでした。誰も気づかなかったのに、気づいてくださって死ぬほど嬉しかったです。このことについて、会社を辞めるときに必ずお礼を言おうと思っていました」

「社長はいつも私のことを『僕のかわいいお嬢様秘書です』とお客様に紹介してくださいましたが、そんなわけで、もう私はお嬢さんではありません」

すると社長はこう言ってくれました。

「あなたは、昔も今もあのときも、変わらずお嬢様ですよ。**人は品格がすべてです**」

私はその言葉をとても嬉しく感じるとともに、このとき以来「品格」というものについて、深く考えるようになりました。私の人生において、追い続けなくてはならない、ゴールのないテーマだと思っています。

月を目指せば、
もし月に届かなかった
としても、
どこかの星に着陸する。

- □ **目的に向かって一心不乱にチャレンジするからこそ、得るものがある。**
- □ **リーダーとして何が大切か。本人が頑張るだけでは、部下に思いは伝わらない。**

最初は不本意ながら就いた秘書の仕事も、「ノーと言わない」をモットーに突き詰めていくと、なかなか面白いものでした。

ただ、私は最初から3年間という期限を決めており、2年くらい経ったときに「これからどうしよう」と考えるようになりました。しかし、当時の外食業界は男社会。その中でレストラン経営に挑むのは、とても難しいことに思えました。そこで、アメリカ留学していたときに出合い、憧れていたネイルサロンの仕事に的を絞り、夜間のネイルスクールに通い始めました。

さて、3年の期日が来て退社の意思を伝えると、社長は大変驚き、そしてひとつの提案をしてくれました。勤めていた会社が株主であった化粧品会社に出向し、そこでネイルサロンを開設してはどうかというのです。某有名ブランドでの、サロン開設です。

結果的に私はその提案をありがたいこととして受け、無事にネイルサロンのオープンにこぎつけました。もっとも、「無事に」とさらりと言ってしまうにはほど遠い問題が、次から次へと起こりましたが。

とくに大変だったのが、たくさんのネイルカラーを調達することでした。

私は、サロンをオープンするにあたって、最初から「３００色は揃えたい」と考えていました。一口に「ピンク」と言ったって、派手でマットな印象のものから、透ける感じの桜色まであります。桜色でも、ソメイヨシノと八重桜では違います。

デパートやネイルサロンを調べに調べて、お客様が喜び、満足してくださるには３００色のカラーでお迎えしたいとのことで、承認を得ていました。また、カラーについては市販の既製品を使うことに決定していました。

ところが、オープン予定を１か月切った段階で、化粧品会社から「他社のカラーは使わないでほしい」というお達しが来たのです。となると、10色くらい。とても足りません。

市販の既製品は使えない中で３００色揃えたい私に与えられた選択肢は、フランスの伝統ある工場へ行って、そこでカラーを作ってもらう以外、ありませんでした。

「あり得ない。絶対に無理」と思いました。その工場はトップブランドのカラーを手がけており、受注単位数も半端ではありません。そこに、どこの馬の骨ともわからない日本人がのこのこ出かけて、「1色について5本くらいずつ３００色お願いします。しかも急いで」なんて言って通るはずがありません。

通るはずがありませんが、通すしかありません。

私は、開発部のオジサンと２人でフランスへ飛び、パリの工場を毎日訪ねました。ところが、想像通り、工場長に冷たく追い返されました。

でも、諦める道は残されていません。〝訪ねては追い返される〟を1週間続けていたら、工場長はうんざりしたのか「勝手に若い職人に頼んでみろ」と言ってくれました。そこで私は、自分が用意した色見本を職人さんたちに見せ、その色を作ってもらうことに成功しました。こうして、なんとか３本ずつ３００色揃え、オープンぎりぎりに日本に持ち帰ることができたのです。

もっとも、工場長は持ち帰ることを許してはくれませんでした。ただ、「許しはしないが、俺は何も見ていない」という計らいをしてくれました。まさに奇跡的な展開でした。

当時、まだ26歳でしたから、自分でもよくやったと思います。

しかしながら、このネイルサロンの経営における一番の学びは、そうした苦労よりも、リーダーという立場になり、**「リーダーとはどうあるべきか」について悩み抜い**

たことにあります。

ネイルサロンは、若い女性スタッフ5人で開業準備を始めました。倉庫を改装したような小さな部屋が事務所です。私は、その部屋の壁に、かねてより好きだった言葉を書いて貼り出しました。

Shoot for the moon. Even if you miss, you'll land among the stars.

月を目指そう。そうすれば、もし月に届かなかったとしても、どこかの星に着陸する。アメリカのミュージシャン、レス・ブラウンの言葉です。

要するに私は、スタッフに大きな夢を持ってほしかったのです。そして大きな夢や高い目標があるからこそ、その過程には得られるものがたくさんあるのだというのが好きでした。

ネイルサロンの母体は有名な化粧品会社なので、お金持ちのお客様がいっぱい来ました。服も時計もバッグも靴も一流品を身につけています。

「○○さんのバッグ、素敵だったね」「私もプラダのバッグ欲しいな」「うーん、でもとても買えない」スタッフの間では、当然こんな話になりますが、私は、「とても買えない」で済ませたくありませんでした。店舗を増やし、スタッフ一人一人が店長になれるようにすれば、それも可能だと考えました。

ただ、それには規模拡張のための活動が必要。私はサロンの営業時間内に、次の出店のための打ち合わせなどに出向くことが増えました。ところがそうして留守にすることで、いつの間にかスタッフの反感を買っていたのです。

「柴田さんは、掃除もレジも面倒なことはやらないで外を遊び歩いている。だから、全員で辞めるって彼女たちは言っているよ」

ある日、デパートのフロアマネジャーからこう聞かされた私は、目の前が真っ暗になりました。言われてみると、たしかにみんなの私を見る目は実に冷ややかなものになっていました。

――良かれと思ってやったことが全部、受け入れられない。全員に嫌われて、もうこんなことやっていてもしょうがない。

私は自分の荷物をまとめ、社長に辞意を伝えて帰路に就きました。しかし、家の前まで来たときに、またあの内なる声が聞こえました。

「**今ここで逃げたら、もっと大変なことがあったときに『あのとき乗り越えられなかった』と思うだろう。**それはダメだ」

「逃げるわけにはいかない」と思いました。

そして一晩考え抜き、翌日スタッフ一人一人と面談しました。

「もう一回、頑張るから」

私は頭を下げ、リーダーとして出直す道を選んだのです。

「コンセプト」は、最強の武器である。

□ 未経験で、大きなプロジェクトを任されたら？

□ 行き詰まったときは、街中での会話からヒントを拾え！

□ 「自分の居場所がない環境」に置かれたとき、無理だと諦めるか？

□ 「自分以外、他の人にはできないコンセプト」を見つけて勝負するか？

□ コンセプトを強化するのは「イメージターゲット」と「リアルターゲット」の設定。

□ キーマンの心を動かすのは、「際立ったコンセプト」。

今の私をつくってくれた会社員時代の仕事をひとつ挙げろと言われたら、港区・麻布十番にあった「レインボー・ロール・スシ」の開店事業に尽きるでしょう。

ネイルサロンの仕事を2年くらい続けたのち、私は本社に戻され、新しくできた事業開発部に配属されました。驚くことに、会社が新規に経営に乗り出すレストランの「全部」が、私に任されるというのです。簡単にまとめるとこういうことです。

・出店企画書をつくる。

・役員会で企画のプレゼンをし、ＯＫをとる。
・物件を探し、家賃交渉して契約まで持ち込む。
・物件に合わせて店内のデザインをインテリアデザイナーに依頼する。
・デザイン通りに工事が進捗するよう見届ける。
・料理や飲み物のレシピや価格、素材の仕入れ先を決める。
・働いてくれる人を募集し、面接し、教育する。
・オープンを告知し、開業を宣伝する。
・私自身も店頭に立って働き、流行らせる。

これらの要素の中には、細かい仕事がもっと複雑に大量に存在します。しかも、どんな局面においても予算は守らねばなりません。

それを全部やるなんて、私には絶対に無理だと思いました。

私はもともと秘書希望ではなく、飲食店事業の現場に関わりたくてその会社に入りました。ようやく、そのチャンスが巡ってきたこと自体は嬉しかったけれど、何もかもやっていく力が自分にあるとは思えません。

それになにより、レストランはネイルサロンとは動かすお金の桁が違います。失敗したら、会社やほかの社員たちにどれほどの迷惑をかけてしまうだろうという不安に押し潰されそうになりました。

私はひどく心配性で、今でもクライアント企業には「本当に私どもでお役に立てるのでしょうか？　ほかに適任者がいるのではないでしょうか？」と確認せずにはいられないくらいなのです。

悩み抜いて辞退を申し出ると、社長は言いました。

「僕は柴ちゃんを見込んで『あなたならやれる』と伝えました。それを断るほど、あなたは偉かったんですか？」

「偉くないです」

「では、どうするのが正しい態度ですか？」

「一生懸命、頑張ることです」

こうして辞退は取りやめたものの、**何から手をつけていいのかわからず途方に暮れている**私を、ビール会社の知人がある店の開店レセプションに連れて行ってくれました。そこで、外食産業で活躍している人をたくさん紹介してくれたのですが、みんな派手でイケイケで豪腕な印象。しかも、男社会の匂いがぷんぷんします。

想像するに彼らは、夜な夜なラウンジに集まりお酒片手にトレンド情報を交換し合い、店の経営に役立てている様子。でも、それと同じことは私にはできません。

やはり無理だ。今なら引き返せるかもしれない……。暗い気持ちで過ごしていたある日、私の前を歩いていたＯＬらしき女の子たちが交差点で信号待ちをしながら相談しているのが耳に入りました。

「今日の夜、何食べようか」

「どこ行く？　この間カットソー買っちゃったから、あんまりお金ないんだよね」

私はそのときはじめて、自分がやるべきことが見えたのです。

「そうだ。私と同年代のこういう女の子たちがお金を出して来てくれるレストランを、私がつくればいいんだ。雰囲気が素敵で、デートでも使いたくて、美味しいけれど高価すぎない店を。あの男社会の一員にはなれなくても、**私ならではのお客様目線**を貫けば、彼女たちが喜んでくれる店がつくれるかもしれない」

　すると、どんどんイメージが湧いてきました。

　ニューヨークからやってきた、カジュアルでおしゃれなロール寿司の店。

　イメージターゲットは、チャイニーズアメリカンのアレックス。

　アレックスは、私の頭の中でつくりあげた存在で、ニューヨーク生まれで金融機関に勤めている29歳。麻布十番に住んで会社には自転車で通っている。ある金曜日、家で短パンとTシャツに着替えてその店を訪れる。そこに不動産関係の友人がパリッとしたスーツで現れ、久々に会ったアレックスとハグを交わす。

　一方で、**リアルターゲット**は、「自分も彼らの仲間でありたい」と憧れて集まってくる人たち。主に、私と同年代のおしゃれに敏感なＯＬたち。

こうして湧き上がってきたイメージに基づいて、店内の雰囲気、供される飲食物、流れる音楽、スタッフの対応など、詳細なコンセプトを徹底して詰めていきました。役員に提出するためのコンセプト資料だけでも６種類つくりました。

続くすべての仕事においても、「これでいい」と安心できるラインなどなく、私にできることを限界までやっていくしかありませんでした。

たとえば、物件の獲得について。西麻布にふさわしい空き物件が見つかったとき、すでにライバルが数社いました。どこも、うちよりもかなり高い賃料を提示しているようで、そのままではとうてい勝ち目はありません。

ただ、オーナーが店のコンセプトについて知りたがっていたのは、私にとってひとつのチャンス。その物件はマンションの一階にありました。一階にどういう店が入るかによって、マンション全体のイメージも変わる。素敵な店が入っていれば、部屋を借りたいという人も増える。だから、家賃がいくら取れるかということ以上に、どういう店をつくりたいのかが重要だとオーナーは考えているようでした。

そこで私は、一切手を抜くことなくコンセプトを語りました。

同時に、オーナーのバックグラウンドを知る努力もしました。私のような立場にあって**並み居る強者たちと闘うためには、少しでもオーナーに対する理解を深め、信頼関係を構築していくことが必須**だと思ったからです。

大変なときこそ、
自分を労わるより、
相手への敬意を
忘れないこと。

□ **無謀と思えることも、諦めないこと。そして、いざチャンスが来たら、礼を尽くすこと。そうすれば、高いハードルを越えることも可能になってくる。**

□ **相手が見ていないときでも「正座」。それで伝わる誠意もある。**

□ **大変な状況になると、自分ばかりが苦労していると思っていないか？自分のために何かしてくれる人は、それ以上に尽力してくれていることがよくある。大変なときこそ、自分を労わるより、相手への敬意を忘れないこと。**

□ **誠意には、誠意でお返しする。**

レインボー・ロール・スシで出すメニューについては、コンセプトを提出した段階で「これなら絶対にお客さんは食べたいと思ってくれるはず」というものが、すでにいくつかありました。

次にはそれを実際に作り、役員に試食してもらわねばなりません。ただ、私が勤めていた会社は、レストラン経営には定評があったものの、和食の料理人がいなかったために試作品が作れず、「何を何グラム入れたらいいのか」という細かいレシピに落とし込むことができずにいました。

実は私は、予算を立てるにあたり、そうした人材が必要になることを見落としていたのです。

私の頭の中には、アメリカ留学時代にアルバイトしていたシカゴの寿司店がありました。ここの大将に相談すれば、きっと力になってくれるはずだとは思ったものの、大将が研鑽《けんさん》を重ねて身につけた技術について教えてもらおうなどというのは、あまりにも虫がいい話だと躊躇《ちゅうちょ》しました。

それでも迷いに迷って国際電話をかけ状況を説明すると、大将はすぐに店の人気メニューのレシピを送ってくれたのです。

一事が万事、こんな手探り状態でしたが、時間は待ってくれません。私は、役員たちに「本当に美味しいね」「これならいけるね」と太鼓判を押してもらえる試作品を作らねばなりません。

そのためには、目の前で細かい調整を一緒になって行ってくれる職人さんの助けが必要でした。しかも、本物の……。

「やっぱり、あの人気寿司店だよね。あそこに協力してもらえたらいいと思わない？」

「ええ？　あんな繁盛店、なおさら無理でしょう」

たった１人アシスタントとしてついてくれていた同僚に、私は無謀とも言える提案をしました。そして、当時から大人気だった小田急線沿線にある寿司店に連れだって行ってみました。

行ってみると、ものすごい行列！　それを見たとき、「こんなに忙しいのでは、とうてい相手にしてもらえないだろう」という諦めの気持ちが湧くかと思いきや、「なんとしても教えを請いたい」という思いのほうがはるかに強くなっていきました。

これほどお客さんが求めているのであれば、間違いなく本物。私の店でも本物を出したい。であるならば、ここしかないと。

やってみるもので、知り合いのつてをたどっているうちに、寿司店の若い職人さんと知り合いになり、その人から総本店の店長を紹介してもらうことができたのです。

店長は「面白そうな話ですね」と言ってくれましたが、最終的には社長のＯＫが必要とのこと。私は社長に直談判することになりました。

総本店の上層階にある畳敷きの社長室で正座し、私は深々と頭を下げました。

そして、「これほど成功しているお寿司屋さんに、どれほど失礼なことか承知の上で、お願いにあがりました」と切り出し、私の考えていることを伝えました。

それを黙って聞いていた社長は、「若い子がこれだけ頑張っているのに、一肌脱がないわけにはいかないだろう」と全面協力を申し出てくれたのです。

その日から、週に1回、私は同僚とともに小田急沿線の店に通い、店長の休み時間にいろいろ作ってもらっては試食するということを繰り返しました。

少しでも出来上がりのイメージを共有してもらいたく、実際にレインボー・ロール・スシで用いるのに近いお皿を、私と同僚はそれぞれリュックに何枚も詰めて背負っていきました。まるで登山にでも行くようでした。

そして、店では、そのお皿に盛られた試作品を、正座していただきました。

「外側についているトビコをごまに変えるとどうでしょうか」

「黒ごまと白ごまの両パターンをお願いしてもいいでしょうか」

「ご飯をもう少し少なめにしてください」

「マグロにアボカドを混ぜたらどうなりますか」

「キュウリの千切りを入れると食感は変わりますかね」

こんなことを、本当に申し訳ない気持ちで、しかし妥協せずにお願いし続け、次々と出される試作品を、ひたすら正座して食べ続けました。

結果的にそれはすごい量になります。消化のために胃に血液が集まってしまうからなのか、毎回、私たちの顔が緑色っぽく変化し、最後は黄色くなるほど。

使ったお皿をまた背負って、しびれた足をギクシャクさせつつ、お互いの顔色について突っ込み合いながら帰路につくのが常でした。

それにしても、なぜ、私たちはそこまでしたのか。明らかに胃のキャパは超えているのに、愚直なまでに一粒残さず食べ続けることができたのか。

もちろん、レインボー・ロール・スシで最高に美味しいお寿司を提供したいという執念もあったでしょう。

しかし、それ以上に大きかったのが、一緒に取り組んでくれている店長さんへの思いです。プロ中のプロが、私たちのために一生懸命作ってくれているのですから、こちらも誠心誠意を尽くして食べるのが当然でしょう。

ここで私が述べたいのは、単純に「正座をすればいい」とか「食べ残さなければいい」といったことではありません。そうした**表面上の問題ではなく、相手が払ってくれた努力に対してどれだけ敬意が持てているかということが重要**なのです。

それによって、見えてくる世界も、得られる協力も、周囲との関係性もまったく変わってくるのです。

愚直なまでの誠実さは、
必ず人の心を動かし、
成果にもつながる。

□「借り」は必ず返す。

□どこでもトップになれる人には、人から信頼されるだけの〝圧倒的な行動量〟がある。

□部下には、自らが成長するという成功体験を踏んで、自分の力で「成功」を手に入れる喜びを実感してほしい。

レインボー・ロール・スシの店長を誰にやってもらうかについて、私には「彼しかいない」という人がいました。

その人物は、あえて名前を挙げますが、「マレスケさん」。以前は渋谷でチーマーのトップを張っていて、「マレスケが笛を吹けば３００人は集まる」と言われたほどの人物。多くの人から怖がられていたものの、私には優しい人だと思えました。

しかも、マレスケさんは、チーマーから足を洗ったあとに、有名居酒屋チェーンで働いて全国ナンバーワン店長になっていました。まさに適任者です。ただ、すでにそこで大活躍しているので、お願いしても無理かなという思いもありました。

知り合いをたどって教えてもらったマレスケさんの携帯電話にメッセージを残して

から、1週間。ようやく連絡をもらえました。

私は、マレスケさんとコンタクトが取れたことに感動しつつ、自分がやろうとしていることについてコンセプトブックを広げ、一生懸命説明しました。

マレスケさんは、私の話を熱心に聞いてくれただけでなく、「物件を自分の目で見てくる」と言ってくれました。

そして、翌日、返事が来ました。

「今の会社辞めて、あの店の店長やるよ」

飛び上がるほど嬉しかった私は、早速、上司に報告しました。すると、マレスケさんと年代の近い上司は、「あの、彼か?」と驚きました。

昔のチーマー時代を知っているらしく、「今いくら頑張っているとしても、彼だったら絶対にダメだ」と言うのです。そして、「副店長ならばいいけどね」と。

そもそも、店長待遇だとしても前の居酒屋のときより給料が下がるのに、さらに下がって、しかも副店長。私は、申し訳ない気持ちでいっぱいで、マレスケさんにお詫びの電話をかけました。

「おかしなお願いをして申し訳ありませんでした……」

気の利いた言葉は選べなかったけれど、マレスケさんに必死で伝えました。

会社からせっかくのチャンスをもらい、たくさんのお金を使って任せてくれた店を何としても成功させたかったこと。

それには、マレスケさんに店長をやってもらうしかないと思ったこと。

忙しいマレスケさんが私の話を聞いてくれただけでなく、自腹でタクシーを飛ばし店まで行ってくれたことにとても感謝していること。

マレスケさんが、「すごく流行りそうな店だね」と言って、引き受けると決めてくれて感激したこと。

にもかかわらず、私の力不足で店長をお願いすることができないこと……。

「私の立場では、会社の意向をどうしても覆すことができない。でも、副店長でお願いしたら給料も地位も下がってしまう。そんな失礼なお願いのために大切な時間を使わせてしまったこと自体を、本当に申し訳なく思っています」

すると、マレスケさんはこう言いました。

「実績を上げれば店長になれるんでしょう？　だったら、最初は副店長でいいよ」

このとき、私は**「このご恩は、必ず3倍にして返す」**と心に誓いました。おそらく、マレスケさんはレインボー・ロール・スシの副店長になった段階で、収入は前職の半分くらいに減ってしまうでしょう。それを絶対に3倍にしてもらわなければならない。

もっとも、私がそんなに力むまでもなく、マレスケさんは自分からすごい実績を上げ、会社始まって以来のスピードで店長に昇進しました。

私が一緒に働いてみてわかったのは、マレスケさんの**仕事ぶりが実直そのもの**だったということです。

印象的なエピソードは、いくつもあります。

マレスケさんは「俺は根性はあるが、センスはない」と認めていて、私がつくったコンセプトについては1ミリも動かさない、と言っていました。

8月の猛暑の日、マレスケさんが顔を真っ赤にして訴えてきました。

「あの、これね、暑くてたまらないんだけど」

冬の時期に、私が「これを着て」と言った毛のベストのことでした。1ミリも動かさないという約束を愚直に守って、真夏まで我慢して着てくれていたのです。

また、マレスケさんが**筆まめ**なことにも驚かされました。

レインボー・ロール・スシのオープニングセレモニーには、７００人ものお客様が詰めかけてくれ、警察まで出動するほどの騒ぎになりました。

マレスケさんは、その人たち一人一人に手書きでお礼の葉書を送っていました。

また、アルバイトの給料袋には、必ず自筆のメッセージを入れていました。

それらを目の当たりにして、あれほど店舗数の多い有名居酒屋チェーンでマレスケさんがトップ店長になった理由を、私は理解できたのです。

私は、マレスケさんのようなビジネスパーソンが私の周りに増えてくれることを願っていますし、そのために私ができることについて毎日、考えています。

シバジムには、「給料が半分になってもいいから働きたい」という若い女性が多くやってきます。その女性がそれまで、年収８００万円を取っていたとしたら４００万円になる計算です。

私は、そういう女性を採用するに当たって、マレスケさんのときと同様、「3年後には3倍にして返そう」と自分に言い聞かせています。

マレスケさんのように、**自らそれを手にできる人になってもらうことが私の役割**だと思っています。彼女たちが、自らが成長するという成功体験を踏んで、「あのときの判断は正しかった」と思えるところに終着させることを、私は自分に課しているのです。

信念と頑固は使い分けろ。
協調と妥協も使い分けろ。

□ それは「信念」でなく、ただの「頑固」になっていないか？
□ それは「協調」でなく、ただの「妥協」になっていないか？

何事につけ私は、やるからには全力投球で、どこかで手を抜くのが苦手です。それによって自分の負担が増えたとしても、目指しているところに行き着くことのほうがずっと重要だという信念があるのです。

ただ、そうした**信念が、気をつけないとただの頑固になってしまう**と教えられたことがありました。

レインボー・ロール・スシの店舗設計は、非常に優秀な素晴らしいデザイナーさんが担当してくれました。しかしながら、私の未熟さゆえに、彼に対して数々の迷惑をかけてしまいました。

彼は当時から大変に有名な設計士だったにもかかわらず、コンペ形式に応じてもらわねばならなかったのです。しかも、これまた私のミスで、コンペの予算を立てていなかったために無料で。

それでも彼は、嫌な顔ひとつせずに私の説明に真摯に耳を傾けてくれ、最終的にパーフェクトな設計図を書いてくれました。私にできることは、そのパーフェクトな図面を形にすることでした。

ところが、いざ内装に入ろうとしたら、うまくいかないことがわかりました。簡単には外せない柱があって図面通りにならないのです。

図面通りに仕上げるためには、かなりのお金をかけてその柱をなんとかする必要がありました。当然、その費用は最初の計算には含まれていません。

私は社長に直談判しました。しかし、社長の答えは「NO」でした。

「そんなお金はムダだから、図面のほうを書き換えてもらいなさい」

それまでも彼には、何度も無理を言ってきた経緯があります。それに、私は彼とは感性を共有できているつもりでした。だから、なんとしてもその柱について妥協したくなかったのです。

「彼に、そんなことは頼めません」

反抗すると同時に、私にしてはめずらしく涙が出てきました。

そんな私に、社長はこう諭してくれたのです。

「信念と頑固は使い分けないといけません。あなたが今ごねていることは頑固にしか見えません。本当に信念なのか考えてみてください」

たしかに、言われてみると私はただの頑固になっていました。「これは絶対に譲らない」ということが目的になってしまって、「ほかに対処法はないのか」について探ることを放棄していたのです。

それになにより、開店に向けて頑張っているスタッフの気持ちに添えなくなっていたことが問題でした。みんなオープンの日に向けて情熱を注いでいるのに、1本の柱に執着する時間やお金がそれを削いでしまう、ということに思いが至らなくなっていました。

がーんとなっている私に、社長は**「協調と妥協も使い分けることが大事です」**とつけ加えました。

信念はいいけれど頑固はダメ。

協調はいいけれど妥協はダメ。

この2つのメッセージ、とても示唆に富んでいます。

あなたの周囲を見回しても、「頑固」と「妥協」の人が多いのではないかと思います。でも、そういう多数派の中に身を置いていると、どうしても同じ色に染まってしまいます。自分のベクトルが「信念」と「協調」に向かっているか、ときどきチェックしてみましょう。

第4章

これからの時代を生きるあなたに知ってほしいこと

晴れた日に
道の真ん中を歩くように、
仕事する。

□「正攻法」で仕事する。

□働く姿は、その人の生き様そのものである。

□楽な方向へ流されることなく、目指すべきところへ向かうこと。

□「正しいプライド」を持つこと。

Walk tall.

道の真ん中を歩こう。これは、私の人生のモットーです。

私がまだ役員秘書をしていた頃、周囲の人たちから言われたことがあります。

「柴ちゃんは、晴れた日に道の真ん中を大きく手を振って歩いている人みたいだね」

そして、「絶対にその姿勢を失ってはいけないよ。それがあなたらしさだから」とも。

以来、ずっと私は「道の真ん中を歩く」をテーマに生きてきたつもりです。

シバジムの企業ビジョンにも、この言葉を掲げています。小さくても、道の真ん中を歩く堂々とした会社にしようと当初から考えていたのです。

シバジム創設にあたって私がイメージしたのは、『七人の女弁護士』。１９９０年代に7年にわたって放映された賀来千香子さん主演の人気ドラマです。女弁護士1人1人に独自のキャラがあり、お互いにそれを認め合って、ときに突っ込みを入れながらも良い結果を残していくという、爽快な作品でした。

実際のシバジムも、個性豊かなメンバーが揃っていますが、**やり方は「正攻法」**。常に「ここが道の真ん中か？」ということに注意を向けながら、クライアントのために歩き続けています。

前にも述べたように、私にとって「働くことは生きること」。**働く姿は、その人の生き様そのものだと思っているので、一点の曇りもない仕事をしたい**。どんな仕事をするときでも、道のど真ん中を歩いていたいのです。

しかしながら、仕事にはいろいろな人が関係してきます。時間やお金の管理、とるべき手法について「真ん中派」ばかりではありません。だから、よほど気をつけていないと、いつの間にか変な脇道に逸れかねません。油断したら道を見失いかねないという危機意識を絶えず持つようにして、20年間仕事をしてきました。

また、ただ楽な方向へ流されることなく、川を遡上するサケのように、本当に目指すべきところに向かう姿勢が必要だとも思っています。

そういう姿勢を貫こうとしたら、一切、手は抜けません。シバジムはそれが理由で、創設当初より人数は増えたものの会社を大きくすることはせず、20名前後で推移しています。

私がかつてネイルサロンを開設するにあたって訪ねたパリの工場は、15人ほどの小さな所帯でしたが、社員一人一人が自分の仕事にプライドを持って働いていることが伝わってきたのを覚えています。理想的な体制だと感じました。

1章で紹介した老人の例も同様ですが、人間にとって「自分の仕事にプライドが持てる」というのは、非常に重要なことだと思います。そして、その**プライドが「正しいもの」であることはさらに重要**です。

正しいプライドは、「大きな金額を動かしている」とか「いい肩書きを与えられている」といったことで生まれるのではありません。その人自身が、「私は、日の当たるところに出て恥ずかしくない仕事を堂々とやっている」と思えることによります。

つまり、それは外から与えられるのではなく、その人次第ということ。つまり、あなたも持てるものです。そのためにも、道の真ん中を堂々と歩く意識を大切にしてください。

どんなことも、
他人事でなく〝自分事〟。

□ どんな仕事も喜んで引き受け、完成させる。そうすれば自分の居場所は自然と増える。

□ 本気で「当事者意識」を持つと、幸せは増える。

いろいろなビジネスパーソンを見ていて、とても不思議に思うことがあります。

上司から何か仕事を頼まれたときに、「え、私ですか?」という反応をする人がいることです。その人は、「私はやりたくない」「ほかの人に頼んでほしい」と思っているのでしょうが、これはなぜなのか。

どんな仕事であれ、振られたということは、「それをやる能力がある」と期待され、また「実際にできるか」を見られているということです。喜んで引き受け、良い形で完成させる以外に選択肢はないと、今の私は思うのです。

そうした機会をみすみす放棄していながら、職場には居続ける……というのは、決して幸せなことではありません。**「自分事」を増やしていこうと思えないところに、その人の居場所は本当はない**からです。

人より仕事が少なくなるようにして、人より責任は軽くて済むようにして、人と同じ時間会社にいて、人と同じ給料が取れたらラッキー……でしょうか？　これを本当にラッキーだと思うなら、何か根本からズレています。

友人からちょっと面倒な相談を受けたときなども同様です。

なるべく当たり障りのないことを言っておいて、なるべく深く関わらないようにして……。こういう態度をとる人が多いですが、なぜ、これほどまでに自分事を避けるのか、私には不思議でなりません。

あなたの人生はあなたのもの。私の人生は私のもの。だからこそ「他人事《ひとごと》は他人事」なのではなく、人生のあらゆる場面において**「他人事も自分事」**を増やしていくことで、その人の人生は大きく豊かに広がっていくはずです。

シバジムでは、**どんなことでも「当事者意識」を持つ**ことが求められます。

たとえば、社員の１人が何かミスをした。そのせいで大ピンチに陥っている。そんなときに、自分のピンチのごとく悩み、一緒になって解決策を探っていける人間を私はよしとしています。そういう人は、人との関係を深く構築することができ、人から信頼される幸せを感じることができるからです。

これは、本気で当事者意識を持って臨んだ人にしかわからない感覚です。

どんなに「大変ね」「頑張ってね」「心配しているよ」と口で言ってみても、自分事として参加することができなければ、到達できない世界があるのです。

「私の人生なんて、特筆すべきことは何もない」とネガティブなことを言いがちな人は、自分事を増やせていないだけ。自分事を避けているだけです。

同僚が、何か困り事を抱えているときや、電車の中にひどく体調が悪そうな人がいるとき。そんなとき、たいていの人はその様子に気づいていて「何かできることをすべきなのでは」と心の中では思うはず。でも、最初の一言が出ないために一歩踏み出せないケースが多いのではないでしょうか。

〝同じこと〟でも、それを自分事にできるか、他人事で終わらせてしまうかで、そこから先がまったく変わります。

その人がどちらになるかは、優しいか冷たいかの問題ではなく、おせっかいとも思われるような一言を口にできるかどうかの違いです。

口にする勇気を持ちましょう。人に心配してもらったことで、嫌な気持ちを抱く人はいません。「おせっかいだと思われるかも」は杞憂なのです。

特別な言葉を考える必要はありません。

「大丈夫？」

「何か手伝おうか？」

こんな一言を、いろいろな人にかけていいと思うのです。

失敗したのは自分のせい。
成功したのは
みんなのおかげ。

□ **失敗の原因を人に押し付けると、一瞬はよくても、結果的にマイナスにしかならない。**

□ **失敗を自分で全部背負うと、その後、信頼を得られ、気持ちよく生きられる。**

あなたの仕事が何であれ、あなたの立場がどういうものであれ、「失敗したら私のせい、成功したらみんなのおかげ」というスタンスでいることをおすすめします。そのほうが、逆を選ぶよりもずっと気分良くいられるからです。

もし、「失敗したのはみんなのせい、成功したのは私のおかげ」と考えていたら、その先はどういう結果になるでしょう。

・失敗の原因を押しつけた人たちから嫌われる。
・「みんなのせい」なのだから、失敗の原因を自分の中に見つけられない。
・成功について、みんなに感謝の気持ちが持てない。
・自分一人で成功できていると思っている人には、誰も助言をくれない。

――マイナスばかりです。

しいてプラスを挙げるなら、「自分ってすごい」という自己満足に浸れることでしょうか。しかしこれも、結果的には間違ったプライドを助長するだけで、マイナスです。

一方、私がすすめる「失敗したのは自分のせい、成功したらみんなのおかげ」にシフトするとどうでしょう。

・失敗の原因について、自分事として掘り下げて反省できる。
・だから、その失敗を繰り返す確率が下がる。
・みんなから、そうした姿勢を評価してもらえる。
・成功について、周囲に感謝の気持ちが持てる。
・感謝を伝えることで、周囲にも幸せが伝播する。
・次の仕事でも周囲からの助けを得られる。

――どうでしょう。良いことばかりではないですか。

失敗については、誰のせいにもせずに自分で背負ってしまったほうがシンプルで気持ちいい。

そうすれば、犯人捜しをする自分にも出会わなくて済みます。犯人捜しに精を出す自分は、おそらくとても醜いはずです。

また、**進むべき道もまっすぐに見えてくる**でしょう。

どんな失敗であっても、問題解決のために自分が動かなければならないことには変わりがないのです。そこから目を逸らさずにいれば、トンネルの向こうの明かりも見つけやすくなります。

それに、たとえ誰かのミスが絡んでいたとしても、それを主張することで失敗が覆るわけではありません。

どんなに大変でも、失敗は全部背負ってしまったほうが、結果はずっといいのです。

「変わることに強い人」が結果を残す。

□　変わることをよしとする。

□　間違いに気づいたときのベストな行動は「できるだけ早く、やり直す」。

□　「一度決めたこと」に、こだわらない。

□　変化に対応することで、人は成長する。

シバジムのルールに、**「変わることをよしとする」**というのがあります。

「また変わったの」とか「今さら変えることはできない」といった言葉は、口にしてはならないということです。

仕事をしていると、プレゼンの直前になってコンセプトを練り直さなければならないということがたびたび起きます。

「ちょっと新しいこと思いついたんだけど」とクライアントから連絡が来るということもありますし、あるいは、知見のある人からアドバイスを得たり、私たち自身が新たにアイデアを思いつくこともあります。

そのときには、すでに最大限の力を注いだコンセプトブックが出来上がっているわけですが、私はいとも簡単にそれを破棄します。それによって、**より良い結果が導き**

出せるのですから、喜んでひっくり返します。

シバジムのメンバーもそれを当然のこととしていますが、あなたの会社ではどうでしょうか。もしかしたら、抵抗を示す人がいるかもしれませんね。

もう決まったことだし、私もそのつもりでいるから。

クライアントにも、そのように伝えてあるから。

今からやり直すには時間が足りないから。

口にする理由はさまざまですが「変えることが嫌」という人は少なからずいます。

また、「言うことがコロコロ変わる人だと思われることが嫌」と、周囲の反応を気にするということもあります。

でも、**本気で取り組んでいる仕事で、より良いアイデアが示されることについて、「コロコロ変わる」という感想しか持てないとしたら大問題**です。ただの思いつきやわがままで「やっぱり熱海じゃなくて箱根に行きたい」と言っているのとは違うのですから。

　仕事において、何かを決めなくてはならない場面は次々とやってきます。そのときどきに真剣に検討して決定を下していきますが、すべてがベストとは限りません。**途中で「もっと、こうしたほうがいい」というものが見えたときには、一刻も早くそれに対応して変化すべき**です。それによって、続くさまざまな決定事項もベストなものに近づきます。

ところが、「もう、決めたことだからいいや」と目を瞑《つぶ》ってしまえば、それに続くさまざまな決定事項は、ことごとく外れた方向に向かいます。

繰り返しますが、一度決まったことを変えるのは、より良い道があるということがわかったからです。それなのに、「一度決めたことだから」という理由で変えることを拒絶し、あえて良くない方向に突き進んでどうするのでしょう。

子どもの頃はみんな変化が好きなのに、大人になると多くの人がコンサバティブになっていきます。

たしかに、変化にはそれなりのエネルギーがいります。しかし、**変化ほど、人を成長させる要素はありません。**そのチャンスが与えられたなら、乗っかってどんどん変わっていけばいいのです。

今目の前にいる人に
誠実であれ。
それが、
正しい「人脈」の作り方。

- □ **今、目の前にいる人、これまでに出会った人を、大切にする。**
- □ **パーティーや異業種交流会などに出かけてやみくもに人と会っても、〝本当の人脈〟など作れない。**
- □ **「人脈づくりのための出会い」という考えを捨てよう。**

シバジムには営業部はありません。「仕事ください」と営業活動をしないと成り立たないのであれば、やめようと思っています。

それでも、ずっと先まで仕事の依頼が詰まっています。それはなぜか？　私は、人と人とのつながりによるものだと思っています。

一度、仕事を共にしたクライアントが、「柴ちゃんに、ぜひ紹介したい人がいるんだ」と言って、新たなクライアントを連れてきてくれることもしょっちゅうです。

だから、**私は人との出会いをとても大事に考えていて、どんな小さなことでも軽んじないようにしています。**

といっても、「この人といれば仕事につながるかもしれない」という欲で動いているわけではありません。**目の前にいる人を私なりに大切にしてきた結果、「今」があ**

る。そうやってできた「今」が連綿と続いている。――という感じです。まさに、〝人によって人生が作られてきた〟のです。

よく、「いい人脈が欲しい」と、いろいろな会合に出席して知り合いを増やす努力をしている人がいますね。でも、私はそういうやり方には賛成しません。〝いい人脈〟というものは、どこからか与えられるはずがなく、あくまでその人が真摯に人と向き合ってきた結果でしかありません。

だから、わざわざ人が多い場所に足を延ばして知らない人と会う、といった努力をしたことが私にはありません。目の前にいる人、出会った人を大事にしてください。あなたの仕事がどんなものであれ、いろいろな人との接触があるでしょう。上司や部下、同僚、取引先、顧客はもちろんのこと、いわゆる出入り業者の方もいることでしょう。

仕事以外の人間関係も同様です。私の場合なら、子どものママ友や、学生時代からの友人、ご近所さんもとても大事な存在です。

まずは、そういう人たちと誠実につきあっていきましょう。

目の前にいる人、必然的に出会った人と信頼関係を築けずにいて、**どんどん新しい人と知り合ってみたところで、何が生まれるわけでもありません。**それよりも、目の前にいる人、必然的に出会った人と真摯に誠実に関わっていくと、そこからさらにいい人間関係が広がっていきます。

私が独立してここまでくることができたのは、私一人の力によるものではありません。助けてくれたたくさんの人たちがいたからです。

私は勤め人だったときに「いずれ独立しよう」とは思っていませんでした。ですから、そのための人脈づくりなど考えたこともありません。**ただ、目の前にある仕事を必死でやっていただけ**です。それを見ていた人たちが、独立を後押ししてくれ、その後の私を支えてくれたのです。

あなた自身の応援団を
増やしてほしい。

□ 応援してくれる人がいれば、〝自走〟できるようになる。

□ 仕事において、人生において、自分の「応援団」がいかに大切かを知ってほしい。

シバジムの社員を見ていると、**〝明らかに変わる瞬間〟**があります。

シバジムでは、優秀で素直な人間しか採用していないつもりですが、それでもみんな最初は甘いところがたくさんあります。どこかで指示待ちをしていたりと、自走できていないのです。それは、仕事の本当の喜びをまだ味わえていないことに原因があるとも言えます。

ある大手企業のブランディングを手がけたとき、１人の「やや甘」な社員を担当にしました。仮にＡちゃんとしましょう。

Ａちゃんはもともと、悪気はないのだけれど、結果的にどこか仕事をなめたような態度をとることがある女性でした。たとえば、約束していた期日までに書類を出さずに放っておいたり、先輩が山ほど仕事を抱えていても「食事会があるので」と楽しそうに帰ってしまったり……。でも、可愛くて愛嬌があるため、なんとなく「彼女らしいね」で済んでしまっていました。

　そんなＡちゃんにとって、この大きな案件の担当に指名されたことは、かなり荷が重いようでした。なにしろ、すべて自分で考え動かなければならないのです。それでも、泣きながら現場に向かい、彼女なりに頑張っているのはよくわかっていました。わかってはいたけれど、最低限の手助けに留めておいたのは、もちろん彼女に成長してほしかったからです。

　1年ほど頑張って何とかオープンにこぎつけたとき、Ａちゃんは開店前のアルバイト研修で、最も大切なコンセプトについて語り、そこでクライアントの経営陣やアルバイトから多くの感動を引き出したようでした。

　自分よりもずっと年上のクライアントの取締役や担当者から、感謝の言葉が連ねられたメールがＡちゃんに送られてきました。それを読んでよほど嬉しかったのか、夜中に私に転送されてきました。

　そこには、まさに「絶賛」と言っていいほどの言葉が並んでおり、私も思わず胸が熱くなりました。

　そして、Ａちゃんから私へのメッセージも添えられていました。

「柴田さん、何の経験もない私にこういうお仕事を与えてくださってありがとうございました。仕事というのは、他のことでは得られない充実感や出会いがあるものなのですね。今回のお仕事でそれを知ることができました。私が失敗しないように陰でご指導くださりありがとうございました」

これを読んだとき、ものすごく嬉しい気持ちになったと同時に、「また１人、自走式の社員が育った」と安堵しました。

かつてのＡちゃんならば、誰かに手伝ってもらって要領よく仕事をこなすことを選んだでしょう。でも、それでは絶対に行き着けない世界があること、自分はそれを知ることができたことを、Ａちゃんは実感していると思います。

人生は自分一人の力だけで走り抜けられるものではなく、応援団が必要です。私はあなたに、応援団の多い人生を歩んでほしいと思っています。ただ、真の応援を得るためには、あなたの覚悟も必要です。

甘え上手で要領の良い愛されキャラは、いろいろな人からの応援を得られやすいように思えますが、それは極めて表面的、一時的なものです。

本当の応援団は、あなたが自走できるよう見守り、ときには手は出さず遠くから大きな声でエールを送ってくれるような人たちです。そういう人たちを味方につけましょう。

そしてあなた自身も誰かの応援団になってください。誰かを真剣に応援する人のもとには、応援が必ず集まります。

あなたらしく、
一日一日を
大切に生きる。

□人生のピークは、収入や知名度で測るものではなく、その人の充足感や肯定感による。

□「あなたらしさ」は、周囲と比べるものではない。

私は、20代で大きな仕事を任され、成功させるという幸運に恵まれました。そのため、早くからマスコミにも注目され、もてはやされた時期があります。でも、もてはやされればもてはやされるほど、私の中で危機感が募っていきました。

私は、人生のピークは後ろに持っていくほどいいと思っています。「かつては飛ぶ鳥落とす勢いだったのに、今は見る影もないね」というより、「若い頃は苦労していたけれど、今は豊かに暮らして幸せそうだね」というほうが価値ある人生に思えるのです。

だから、若いうちに「成功者」として扱われてしまったことに不安がありました。「あとは下がっていくだけだとしたらいやだな」と。

しかし、自分で会社を興して今日まで仕事を続ける中で、そうしたことに思い悩んでいる場合ではないと思うようになりました。

そもそも、**人生のピークとは、単純に稼ぎが多いとか知名度が高いとかいったことで測れるものではなく、その人なりの充足感や肯定感が大切**なのだと思います。

もちろん、稼ぎや知名度で自分のピークを判断する人はたくさんいます。でも、私の父を見てもわかるように、人生はどこでどうなるかわかりません。

では、どこでどうなるかわからない人生における、私たちの正しい態度とはどういうものでしょうか。少なくとも、「だったら、何を真面目にやってもしょうがないよ」と冷めてしまうことではないはずです。

結局のところ私は、一日一日を大切に生きるしかないと考えています。そうした日々の習慣に、本当に大事なものが宿っているのだと信じています。

私は毎日5時半に起き、子どもたちが家を出る7時20分までは、ご飯を食べたり勉強を見てあげたりして一緒に過ごします。7時半からは、打ち合わせやトレーニングが入っていて、そのまま忙しい一日に突入します。

平日のうち、2日は子どもたちと夕飯を食べられるようにしますが、ほかは深夜まで視察や会食がみっちり詰まっています。

こんな私を見た周囲の人たちからは、「もう少しゆっくりしたら」としょっちゅう言われます。

自分としては、やるべきことをやり続けているだけのつもりなのですが、あまりにそう言われると「頑張るってかっこ悪いことなのかな」と感じることもありました。

そこで、新年の目標を立てるときに、「週に3時間は何もしないでぼーっとする時間をつくろう」と決めてみました。

すると、「その3時間をつくりだすために、残された時間をさらに頑張らなければならない」というおかしなことになってしまうのです。

今は、「私は私らしくでいいや」という結論に至っています。

もちろん、**「あなたはあなたらしく」でいい**のです。

ただし、「あなたらしく」を見誤らないでください。周囲と切磋琢磨することは大切ですが、比較だけで自分の価値を測ってはいけません。**本当のあなたの一日一日を大切に生ききってください。**

あとがき

私は、物事をうまく進めるために大切なものは「ビジョン」だと思っています。

と同時に、同じくらい大切なのが、「小さな習慣」です。

「ビジョン」というマクロと、「小さな習慣」というミクロがあって、物事は進みます。

仕事でも、勉強でも、人間関係でも、どんな物事においても、マクロの視点とミクロの視点、両方から丁寧に取り組んでいけば、必ず「勝者」になれると信じています。

ブランドプロデューサーの仕事においても大切なのは、まずはクライアントとビジョンを共有することです。自分の会社をいいチームにしていくのにも、社員とビジョンを共有することが必須です。

子どもの教育も同じで、何を子どもに伝えるべきか、何を学んでほしいかが明らかになっていない状態で、正しい教育はできないと思っています。

ビジョンが、そこに関わっている人たちの気持ちをひとつにします。だからこそ、私は「いいビジョン」を持つようにしています。そしてきちんと言葉にして伝えるようにしています。これは必須。

しかし、ビジョンを持っただけでは、まだゼロ地点。

ここからが大切で、そこから先の行動で差が出ます。ビジョンの実現のためにすべきことは、小さな石をひとつずつ積んでいくという地味な作業です。一見、たいした効果がないように思えるかもしれませんが、しかし、**小さな石を積むことから、すべてが始まる**のです。

本書の中でも何度も言ってきましたが、**小さなことにこそ、すべてが宿ります。**

小さな変化に気づけるか。小さな出会いを大切にできているか。

小さなことでも、きちんと感謝を伝えているか。

些細なものだから、とスルーしていないか。

——小さなものを大切にした先に、充実感があり、信頼関係があり、仕事の成功もあり、つながっていく縁も生まれます。

ちなみに、いいビジョンが「いい感想」から生まれることは本文でもお話ししている通りですが、「いい感想を持つ」という作業そのものも、「小さな習慣」のひとつです。

『勝者の思考回路』のタイトルのもとに、ここまでいろいろ書き綴ってきましたが、勝者の思考回路を分解すると、ビジョンと小さな習慣です。

「はじめに」の中で「思考回路を変える努力をしましょう」と述べましたが、「すごい思考回路」をすぐに身につけようとしても、「感想」を変えるというのは実はとても難しいことです。

しかし、行動としての〝日々の習慣〟は、身につけることも、変えることも比較的容易にできます。

まずは、マネをすればいい。

良くないと思ったことをやめればいい。

このふたつを実行するだけで、誰でも「思考回路が劇的に変わる」という体験をするはずです。ですから、本書の中で、私は「勝者の思考回路」のヒントをすべて行動ベースで説明してきました。

ちょっとした行動、ちょっとした考え癖。その「ちょっとした」があなたの一部であることを忘れてはいけません。その一部が、あなたを輝かせることになることも。

小さなことこそ、大切なのです。

実際、本書で私がお話ししたことは、些細なことばかりだと思われたのではないでしょうか。

些細なことにこだわり続けた私が、今、こうして充実した毎日を過ごしています。

あなたにも、最高の日々が訪れますように、心より祈っています。
最後に、いつも応援してくれるシバジムのスタッフに、感謝を。

２０２０年１月　　柴田陽子

構成　中村富美枝
カバー写真　資人導
ヘアメイク　堀紘輔（+nine）
ブックデザイン　山本知香子

柴田陽子（しばた・ようこ）

神奈川県生まれ。大学卒業後は、外食企業に入社し、新規業態開発を担当。その後、化粧品会社での商品開発やサロン業態開発なども経験し、2004年「柴田陽子事務所」を設立。

ブランドプロデューサーとして、コーポレートブランディング・店舗プロデュース・商品開発など多岐にわたるコンサルティング業務を請け負う。セブン＆アイ・ホールディングス「グランツリー武蔵小杉（2014年）」総合プロデューサー、ミラノ国際博覧会（2015年）における日本館レストランプロデューサーを務めたほか、東急電鉄「ログロード代官山（2015年）」「渋谷ヒカリエ（2012年）」、ローソン「Uchi café Sweets」、パレスホテル東京7料飲施設（2012年）、東京會舘（2019年）、東急不動産「東急プラザ渋谷（2019年）」などのブランディングに携わる。

「自分が本当に納得のできる、ものづくりがしたい」という思いから、理想の洋服作りをはじめ、2013年秋、アパレルブランド「BORDERS at BALCONY」を立ち上げ、デザイナーを務める。http://www.bordersatbalcony.com/

2018年、NHK「プロフェッショナル 仕事の流儀」に出演。

『はじめてリーダーになる人の教科書』『コンセプトライフ』『あなたの味方が増える 魔法のToDoリスト』ほか著書多数。

勝者の思考回路

成功率100%のブランドプロデューサーの秘密

2020年2月20日　第1刷発行
2024年3月25日　第7刷発行

著　者　柴田陽子
発行人　見城 徹
編集人　菊地朱雅子
編集者　袖山満一子　楊木 希

発行所　株式会社 幻冬舎
〒151-0051　東京都渋谷区千駄ヶ谷4-9-7
電　話　03(5411)6211(編集)
03(5411)6222(営業)
公式HP：https://www.gentosha.co.jp/

印刷・製本所　株式会社 光邦

検印廃止

Printed in Japan
ISBN978-4-344-03573-7　C0095